보글헤드 쓰리펀드 포트폴리오

The Bogleheads'
Guide to
THREE-FUND PORTFOLIO

옮긴이 오수민

대학에서 경영학을 전공하고 평범하게 직장생활을 하는 직장인이다.
책을 통해 보는 세상이 세상을 이해하는 가장 나은 방법이라는 생각에
독서를 놓지 않고 있다. 넘치는 호기심에 원서를 찾아보는 습관이 번역까지
이어지게 되었다.
남들보다 먼저 좋은 원서를 읽어보고, 내가 옮긴 글을 다른 이들이 읽는다는
즐거움에 번역을 하고 있다. 앞으로도 좋은 기회가 된다면 번역을 계속
이어가고 싶다.

보글헤드 쓰리펀드 포트폴리오

초판 1쇄 발행 2026년 2월 6일

지은이 테일러 래리모어 **옮긴이** 오수민 **펴낸이** 이성용
책디자인 책돼지
펴낸곳 빈티지하우스 **주소** 서울시 마포구 성산로 154 4층 406호(성산동, 충영빌딩)
전화 02-355-2696 **팩스** 02-6442-2696 **이메일** vintagehouse_book@naver.com
등록 제 2017-000161호 (2017년 6월 15일) ISBN 979-11-993021-9-8 13320

보글헤드 쓰리펀드 포트폴리오

The Bogleheads'
Guide to
THREE-FUND PORTFOLIO

"단 3개의 펀드만으로 충분하다!!"

테일러 래리모어 지음 / 존 보글 서문
오수민 옮김

빈티지하우스
VINTAGE HOUSE

62년을 함께한 패트리샤 래리모어와

현재 나의 황금기를 함께하는 태피 굴드

그리고

쓰리펀드 포트폴리오가 가능할 수 있도록

세 가지 인덱스 펀드를 만든 존 보글에게 감사드립니다.

# 차례

뱅가드 창립자 존 보글의 서문   007

프롤로그 보글헤드 쓰리펀드 포트폴리오의 역사   019

제1장 투자 산업   038

제2장 존 보글 투자자의 가장 좋은 친구   046

**제3장 존 보글이 선보인 3개의 전체 시장
인덱스 펀드**   057

**제4장 전체 시장 인덱스 펀드의 20가지 장점
(순서에 특별한 의미 없음)**   065

장점 1 **조언자 리스크 없음**   066

장점 2 **자산 팽창의 역설 없음**   072

장점 3 **인덱스 프론트 러닝 없음**   076

장점 4 **펀드매니저 리스크 없음**   079

장점 5 **개별 주식 리스크 없음**   084

장점 6 **중복 없음**   088

장점 7 **섹터 리스크 없음**   091

장점 8 **스타일 드리프트 없음**   094

장점 9 **낮은 추적 오차**   097

장점 10 평균 이상의 수익률 099

장점 11 간편한 투자금 입출금 109

장점 12 일관성이 주는 힘 111

장점 13 낮은 포트폴리오 회전율 114

장점 14 낮은 비용 117

장점 15 최대한의 분산 투자(더 낮은 리스크) 123

장점 16 포트폴리오 효율성(최적의 위험 대비 수익률) 127

장점 17 낮은 유지보수 비용 130

장점 18 리밸런싱이 쉬움 133

장점 19 높은 세금 효율성 136

장점 20 단순함(투자자, 보호자, 상속인을 위한 혜택) 140

제5장 쓰리펀드 포트폴리오 151

부록 I 전문가의 의견 175

부록 II 보글헤드를 만나보세요 187

금융 용어 사전 197

서문

오래된 것과 새로운 것이 만나는 교차점에는 참으로 놀라운 무언가가 있습니다. 먼저, 제2차 세계대전 벌지 전투에 참전한 한 베테랑이 투자자들을 위한 더 나은 세상을 만들 아이디어를 떠올립니다. 그로부터 10년 후, 현대 기술은 소셜 네트워크의 발전이라는 전례 없는 기회를 열어주며, 사람들 사이의 커뮤니케이션은 완전히 새로운 세상을 창조하기 시작합니다. 바로 이 인간과 기술의 결합이 개인 투자자들을 위한 투자자 주도의 커뮤니티 탄생으로 이어졌습니다.

제2차 세계대전의 참전용사이자 플로리다주 마이애미의 훌륭한 시민인 테일러 래리모어가 그 주인공입니다. 새로운 기술은 바로 '인터넷'이었습니다. 그리고 테일러가 떠올린 아이디어는 뱅가드Vanguard 펀드에 투자하는 사람들이 두려움 없이, 그리고 누구의 영향도 받지 않고 서로의 아이디어와 투자 경험, 투자 전략을 공유할 수 있도록 하자는 것이었습니다.

테일러는 1998년 '뱅가드 다이하드Vanguard Diehards'라는 이름으로 이 커뮤니티를 시작했습니다. 이후 2007년, 이 커뮤니티의 이름은 '보글헤드Bogleheads'로 변경되었습니다. 첫 번째 모임은 2000년 3월에 열렸고, 그 자리에는 약 20명의 뱅가드 투자자들이 테일러의 마이애미 자택에 모여 저녁 식사와 우정, 그리고 투자 전략과 정책에 대한 활발한 대화를 나누었습니다.

그 후 2001년 6월 8일에는 펜실베이니아주 밸리 포지(뱅가드 본사 인근)에서 40명의 보글헤드가 모였고, 다음에는 시카고에서 모닝스타Morningstar가 3일간의 모임을 주최하며 50명의 헌신적인 투자자들이 참석했습니다. 이어서 2004년 댄버에서 열린 공인재무분석사CFA 콘퍼런스에서는 90명이 참석했지요.

2008년에는 샌디에이고, 2009년에는 포트워스에서 모임이 열렸고, 이후에는 뱅가드 본사 근처 필라델피아의 호텔에서 정기적으로 모임을 가지며 자리 잡게 되었습니다. 참석 인원은 호텔에서 수용할 수 있는 약 225명 정도로 제한되어 있지만, 매년 빠르게 마감되어 만석을 이룹니다.

저는 이 모든 모임에 참석하여 보글헤드들과 이야기를 나눴습니다. 지난 10년 동안, 매년 10월이 되면 저는 뱅가드, 펀드 산업, 금융시장에서 일어난 주요 사건들을 요약하고, 그것들을 역사적 맥락에서 설명해달라는 요청을 받습니다. (이 형식은 거의 변하지 않았습니다)

테일러 래리모어는 비공식적으로 "보글헤드의 왕"으로 알려져 있으며, 그의 친구 멜 린다우어는 "보글헤드의 왕자"로 불립니다. 멜은 이러한 연례 모임을 운영하며, 저자 및 투자 자문가인 빌 번스타인, 릭 페리 등 다양한 전문가들이 강연을 합니다. 최근 몇 년간은 뱅가드의 최고투자책임자CIO였던 조지 사우터가 은퇴 후 정기 연사로 활동하고 있습니다.

하지만 이 모임의 규모와 범위는 보글헤드들이 구축한 거대한 네트워크의 빙산의 일각에 불과합니다. 현재까지도 보글헤드 커뮤니티는 하루 최대 450만 회의 조회수를 기록하고 있으며, 하루 방문자가 9만 명에 달한 적도 있습니다. 저는 이 커뮤니티가 미국에서 가장 인기 있는 투자 관련 커뮤니티라고 믿습니다.

왜 아니겠습니다. 회원들은 서로를 돕고자 합니다. 그 어떤 금전적 보상도 없고, 참여 비용도 없습니다. '이타심'이야말로 이 커뮤니티의 기본 운영 방식입니다.

쓰리펀드 포트폴리오 ——

테일러 래리모어는 앞서 두 권의 책 집필에 참여해 많은 투자자들에게 영향을 주었습니다. 《보글헤드 투자 가이드》와 《보글헤드 은퇴 플래닝》에 이어 《보글헤드 쓰리펀드 포트폴리오》에서 테일러는 자신이 가장 아끼는 주제 중 하나인 '3개의 전체 시장 인덱스 펀드'를 사용하는 투자 전략을 단독으로 탐구합니다. 이 세 가지 펀드는 다음과 같습니다.

- Vanguard Total Stock Market Index Fund
  (미국 주식시장, ETF VTI)

- Vanguard Total International Stock Index Fund
  (미국 외 주식시장, ETF VXUS)

· Vanguard Total Bond Market Index Fund

(미국 채권시장, ETF BND)

테일러의 아이디어는 최고 수준의 분산 투자, 주식과 채권의 합리적인 균형, 그리고 효율성과 비용 절감을 결합한 것입니다. 핵심은 '단순함'입니다. 물론 그는 이 세 가지 자산군의 비중은 투자자의 투자 목표, 위험 허용도, 나이, 자산 규모 등에 따라 달라질 수 있다고 언급합니다. 금융시장은 변동성이 크기 때문에, 심지어 투자자의 성격도 영향을 미칠 수 있습니다. 때때로 시장은 투자자에게 많은 보상을 주지만, 가끔(훨씬 더 드물게) 그것을 빼앗아가기도 합니다.

저는 수천 명의 뱅가드 투자자들이 테일러의 '쓰리펀드 포트폴리오'라는 아이디어를 따르고 있다고 생각합니다. 테일러가 처음 구상한 방식대로라면, 투자자는 자신의 투자 목표, 투자 기간, 위험 허용도, 그리고 개인의 재정적 상태에 따라 이 세 가지 인덱스 펀드 각각에 대한 초기 자산 배분을 결정하게 됩니다.

비미국 주식에 대한 한마디 ——

1994년에 출간한 제 첫 번째 책《보글 온 뮤추얼 펀드Bogle on

Mutual Funds》에서 저는 장기 투자자라면 자신의 자산을 비미국 주식에 전혀 배분하지 않아도 된다고 썼습니다. 하지만 만약 이에 동의하지 않는다면, 통화 위험이나 국가 위험 같은 추가적인 리스크를 고려해 주식 자산의 20% 이내로 비중을 제한해야 한다고 주장했습니다.

저의 이런 견해는 미국 경제가 장기적으로 계속 성장할 것이며, 미국 기업들의 시장가치가 비미국 기업들보다 더 빠르게 성장할 것이라는 기대에 바탕을 두고 있습니다. 실제로 1994년 이후 미국의 S&P 500 지수는 743% 상승한 반면, 비미국 주식을 대표하는 EAFE 지수(유럽, 호주, 극동 아시아 지역)는 237% 상승하는 데 그쳤습니다.

제가 옳았다는 것이 중요한 것은 아닙니다. 운이 좋았을 수도 있습니다. 하지만 미국 주식이 거의 25년 동안 우위를 점해온 지금, 어쩌면 평균으로의 회귀가 일어날 시점일지도 모릅니다. 이제는 비미국 주식이 주도하는 시장이 될 수도 있다는 뜻입니다. 하지만 그 누구도 미래를 정확히 알 수는 없습니다. 그래서 저는 여전히 예전 결론을 고수하고 싶습니다. 즉, 비미국 주식 비중은 전체 주식 자산의 20%를 넘지 않아야 한다는 점입니다.

미국 투자자들을 위해, 테일러는 전체 주식 자산 중 20%를 '전체 국제주식 인덱스 펀드VTIAX, ETF VXUS'에 투자할 것을 제안합니다. 이 20% 비중은 사실상 저의 최대 권고치인 20%와 뱅가드 연구에서 제시한 최소 권고치인 20% 사이의 절충안이라할 수 있습니다.

현명한 저자가 쓴 훌륭한 책 ——

참고로 《보글헤드 쓰리펀드 포트폴리오》에서 자산 배분의 세부 사항은 이 훌륭한 책의 일부분에 불과합니다. 이 책은 실용적인 조언으로 가득 차 있으며, 경험이 풍부한 투자자와 초보 투자자 모두에게 효과적인 도움이 될 것입니다.

테일러는 자신의 투자 경험에서 얻은 교훈들을 진솔하게 풀어냅니다. 그는 힘들게 모은 돈을 스스로 위험에 노출시키며, 시장 수익률을 뛰어넘으려 했던 과거를 이야기합니다. 그는 투자 클럽을 통해서든 혼자서든 개별 종목을 고르며 시장을 이기려 했고, 수익률이 높은 펀드를 좇다가 결국 평균으로 회귀하는 결과를 맞이했습니다. 시장을 이길 수 있다고 주장하는 투자 뉴스레터를 따라해 보기도 했지만, 역시나 시장을 이기지 못했고, 수수료만 잘 챙기는 주식 중개인과 투자를 했다가 실망을 경험하기도 했습니다.

그러던 중, 테일러는 제 첫 번째 책 《보글 온 뮤추얼 펀드》를 읽고, 제가 주장하는 "비용이 모든 것이다"라는 확고한 신념에 논리적으로 설득되었습니다.

즉, 시장 전체의 총수익에서 투자 비용을 뺀 것이 투자자의 순수익이라는 간단하지만 강력한 원리입니다. 만약 적극적인 투자자들이 시장 전체를 소유한다면, 그들은 시장 수익률에서 적극적인 투자 비용을 뺀 수익을 얻게 됩니다. 반면 인덱스 투자자들도 시장 전체를 소유하지만, 매우 낮은 비용을 지불합니다. 따라서 적극적으로 관리하는 포트폴리오는 인덱스 포트폴리오보다 평균적으로 저조한 수익을 얻게 됩니다.

인덱스 펀드에 투자하는 것만이 시장 수익에서 공정한 몫을 받을 수 있는 유일한 방법입니다.

테일러는 인덱스 투자의 다양한 장점들도 정리합니다. 예를 들어, 펀드매니저 리스크, 개별 종목 리스크, 특정 섹터 리스크, 추적 오차 등을 제거할 수 있다는 점입니다. 그는 데이비스 스웬슨, 워런 버핏, 폴 새뮤얼슨과 같은 인덱스 투자를 지지하는 전문가들도 언급합니다.

또한, 노벨 경제학상 수상자인 윌리엄 샤프는 자신의 영향력 있는 논문 '액티브 주식운용의 산술The Arithmetic of Active Management'의 결론에서 이렇게 말했습니다.

"정확하게 측정하면, 적극적으로 운용되는 자금은 소극적으로 운용되는 자금보다 (비용 차이를 감안하면) 평균적으로 반드시 낮은 수익을 거둘 수밖에 없다. 이 원칙을 반박하는 것으로 보이는 실증 분석은 대체 측정 방법이 부정확한 경우다."

《보글헤드 쓰리펀드 포트폴리오》는 당신이 건전한 자산 배분 전략을 수립하고, 현명한 투자 결정을 내리며, 그 계획을 실행해 나가는 데 큰 도움이 될 것입니다.

그리고 테일러는 마지막으로 아주 중요한 조언 하나를 덧붙입니다. 그것은 제가 제 오랜 금융 경력 동안 수없이 반복해온 말이기도 합니다.

"항로를 유지하라Stay the course."

저는 제 책《뮤추얼 펀드 상식Common Sense on Mutual Funds》
에서 이렇게 말했습니다.

"무슨 일이 일어나든, 당신의 투자 계획을 끝까지 지켜라.
나는 '항로를 유지하라Stay the course'는 말을 천 번도 넘게 했고,
매번 진심이었다. 이것이 제가 여러분에게 줄 수 있는 투자 조언
중 가장 중요한 한 가지다."

멀리서도 느껴지는 힘 ——

2005년《보글헤드 투자 가이드》서문을 쓰면서, 저는 1835년
알렉시스 드 토크빌이 쓴《미국의 민주주의》에서 인용한 표현
을 소개한 바 있습니다. 거의 200년 전의 문장이죠.

미국 주민들 중 몇몇이 어떤 의견이나 감정을 공유하고 널

리 알리고 싶어지면, 그들은 즉시 서로를 찾아내고 협력을 모색한다. 그리고 일단 뜻을 같이하는 이들을 만나면, 그들은 곧 하나로 뭉친다. 그 순간부터 그들은 더 이상 고립된 개인이 아니라, 멀리서도 느껴지는 하나의 힘이 되며, 그들의 행동은 본보기가 되고, 그들의 말은 귀 기울여지게 된다.

그렇습니다. 테일러 래리모어의 리더십 아래 보글헤드 커뮤니티는 이제 독립적이고 편향되지 않은 투자 정보의 세계에서 '멀리서도 느껴지는 힘'이 되었습니다. 꼭 한번 놀라운 보글헤드의 사이트를 방문해보길 권합니다.

그곳에서 경험 많고 지혜로운 투자자들이 제안하는 아이디어를 접하고, 투자에 대한 당신의 생각을 검증할 수 있습니다. 그들은 기꺼이 당신을 돕고자 하는 열정을 지닌 이들입니다.

당신은 그곳에서 장기적 관점의 투자, 특히 광범위한 시장에 저비용으로 투자하는 인덱스 펀드 전략을 신뢰하는 동료 투자자들로 이루어진 가족과 같은 공동체를 발견하게 될 것입니다.

이 커뮤니티에 참여함으로써, 당신은 자신의 아이디어를 다른 투자자들과 교류하고, 자산 배분이나 여러 투자 이슈에 대한 그들의 경험을 배울 수 있습니다.

인덱스 펀드의 설계 목적은 단 하나, 바로 당신이 시장의 각 부분에서 발생하는 수익 중 당신의 정당한 몫을 확보할 수 있도록 돕는 것입니다. 그것이 쓰리펀드 포트폴리오이든, 아니면 당신에게 맞는 다른 인덱스 전략이든 말이지요.

테일러의 훌륭한 책을 읽으며 인덱스 펀드의 장점을 배우고, 저비용 투자의 혜택을 누리시길 바랍니다. 물론 시장은 언제나 순탄치만은 않습니다. 두려움, 심지어 공황이 시장을 지배하는 순간도 찾아올 것입니다. 그러나 그런 시기가 오더라도 잊지 마세요.

그럴 때일수록 반드시 흔들리지 말고 버티십시오.

Stay the Course!

존 보글

보글헤드 쓰리펀드 포트폴리오의 역사

사람들은 종종 제게 묻습니다.

"쓰리펀드 포트폴리오의 특별한 점은 무엇인가요?"

그에 대한 답은 아주 간단합니다.

단 세 가지 저비용 인덱스 펀드(미국 주식, 미국 채권, 비미국 주식)를 보유함으로써, 투자자는 역사적으로 대부분의 전문가보다 더 우수한 수익을 거두어 왔기 때문입니다.

저는 투자를 처음 시작하고 지금까지 수십 년에 걸쳐 몸소 겪으며 배운 교훈들을 여러분과 공유하고자 합니다. 오랜 세월을 살아온 만큼 저는 세상이 보여줄 수 있는 거의 모든 것을 직접 목격했습니다.

1920년대에는 주식시장이 큰 활기를 보였습니다. 다우존스 산업평균지수는 1920년 66포인트에서 1929년 381포인트까지 급등했습니다. 그리고 이어진 것은 미국 역사상 최악의 약세장이었습니다. 1932년 다우지수는 89% 폭락하여 41포인트까지 추락했습니다. (참고로 89%의 손실을 회복하려면 909%의 수익이 필요합니다) 주식시장에 경제적 미래가 걸려 있다면, 이 같은 약세장은 그야말로 공포스러운 경험이 될 수 있습니다.

저는 1924년에 태어났습니다. 바로 그 해는 미국 최초의 개방형 뮤추얼 펀드인 '매사추세츠 인베스트먼트 트러스트Massachusetts Investment Trust'가 설립된 해이기도 했습니다.

당시 유사한 상품으로 '투자신탁Investment Trust'이라는 것이 있었고, 제 할아버지 크리스토퍼 콤스는 세계 최대의 투자신탁인 유나이티드 파운더스 코퍼레이션의 주요 책임자 중 한 명이었습니다. 투자신탁, 나중에 '뮤추얼 펀드'로 불리게 된 상품은 어쩌면 제 피 속에 흐르고 있던 셈이죠.

1929년은 미국에서 길고 긴 끔찍한 경제 대공황의 시작이었습니다. 실업률은 3%에서 25%로 치솟았고, 8,500개가 넘는 미국 은행들이 파산했습니다. 당시에는 지금처럼 연방예금보험공사FDIC 같은 제도가 없었기 때문에, 은행에 돈을 맡긴 수많은 사람들이 평생 모은 저축을 잃어버렸습니다.

저희 부모님은 보스턴 외곽에서 레스토랑을 운영하셨습니다. 그러나 대공황이 심화되면서 외식을 할 수 있는 손님들도 거의 사라졌고, 결국 부모님의 사업도 무너졌습니다. 사회보장제도나 실업수당이 없던 시절, 수입이 끊긴 저희 가족은 보스턴을 떠나 마이애미에 있는 할아버지의 겨울 별장으로 이사해야 했습니다.

그러나 얼마 지나지 않아, 할아버지와 그의 회사인 유나이티드 파운더스 코퍼레이션 역시 파산했습니다. 별장은 법원 경매에 넘겨졌고, 저희는 어쩔 수 없이 마이애미의 작은 아파트로 옮겨야 했습니다. 우리 모두에게 예상치 못한 충격이었습니다.

이것이 주식시장을 처음, 개인적으로 경험한 순간이었습니다.

배운 교훈: 주식 100% 포트폴리오는 위험할 수 있다.

제2차 세계대전에서 돌아와 마이애미 대학교를 졸업한 저는 생명보험을 판매하기 시작했습니다. 첫해에는 뮤추얼 베네핏 생명보험의 신입직원 중 최고의 실적을 기록했으며, 이제 막 제대로 된 수입을 벌기 시작한 시기였습니다.

비록 주식에 대해 조심스러운 태도를 가지고 있었지만, 저는 몇몇 친구들과 함께 새로 결성된 주식투자 클럽에 가입하게 되었습니다. 이 클럽은 주식 중개인이었던 저희 이웃이 새롭게 조직한 것이었습니다.

투자 클럽의 운영 방식은 이러했습니다. 각 회원이 매달 50달러를 출자하고, 매번 순번을 바꿔가며 구성되는 3인의 투자 위원회가 개별 주식을 직접 선별하여 매수하는 것이었습니다.

우리 클럽은 큰 기대감을 안고 출발했습니다. 특히, 이제 막 우리의 '친구'가 된 주식 중개인의 격려 덕분에 분위기는 더욱 고조되었습니다. (그 당시에는 몰랐지만, 능숙한 영업사원들은 자신을 고객의 '친구'처럼 보이게 만든다는 사실을 나중에 깨달았습니다)

하지만 불행히도, 우리의 종목 선정 실력은 기대에 못 미쳤습니다. 아무리 신중하게 분석하고 투자했어도, 숨겨진 중개 수수료 등을 제하고 나니, 결국 우리의 수익률은 시장 전체 수익률에 한참 못 미쳤습니다.

이런 결과 끝에 우리는 주식투자 클럽 실험을 종료하기로 했습니다.

이것이 제가 '개별 주식 선택'이라는 개념을 처음으로 직접 경험한 순간이었습니다.

배운 교훈: 중개인을 친구라고 믿는 것은 위험할 수 있다.

투자 클럽이 해체된 이후에도, 저는 개별 주식을 계속 매수했습니다. 이번에 제가 직접 하면 더 나을 것이라는 생각이 있었기 때문입니다. 하지만 몇 년이 지나고 나서야, 제가 투자 클럽의 투자위원회보다 주식 고르는 실력이 더 형편없다는 사실을 뼈저리게 깨닫게 되었습니다.

다행히도, 이 경험을 통해 개별 주식을 통해 시장을 이기려는 저의 시도를 완전히 접게 되었습니다.

배운 교훈: 개별 주식의 유혹을 피하라.

개별 주식으로 투자의 실패를 맛본 저는, 더 나은 방법을 찾겠다는 결심이 더 확고해졌습니다. 저는 도서관을 정기적으로 찾으며 '시장을 이기는 방법'을 공부하기 시작했습니다.

그 도서관에는 수십 종의 투자 뉴스레터가 비치되어 있었습니다. 당시 가장 인기 있던 뉴스레터는 격주간으로 발행되는 〈뮤추얼 펀드 포캐스터〉였습니다.

이 뉴스레터는 수백 개의 펀드들을 다양한 기간에 따른 과거 수익률과 함께 나열하고, 매수해야 할 펀드(최고의 성과 펀드)와 매도해야 할 펀드(최악의 성과 펀드)를 추천해주었습니다.

이 전략이 매우 논리적으로 들렸기 때문에, 저는 그 아이디어에 바로 매료되었습니다. 저는 직접 뉴스레터를 구독하고, 실제로 여러 펀드에 투자하며, 몇 년 동안 〈뮤추얼 펀드 포캐스터〉의 추천을 충실히 따랐습니다.

결과가 어땠을지는 짐작하시겠죠.

예상하셨겠지만, 우리의 포트폴리오는 계속해서 시장 수익률을 밑돌았고, 〈뮤추얼 펀드 포캐스터〉 뉴스레터 자체도 결국 폐간되었습니다.

배운 교훈: 과거의 성과는 미래의 성과를 보장하지 않는다.

대부분의 금융 뉴스레터는 시장 타이밍market timing을 포착해 투자하려는 사람들에 의해 작성됩니다. 그들은 자신들이 강세장과 약세장을 예측할 수 있다고 믿거나, 그렇게 믿는 척을 합니다.

이러한 시장 타이밍 뉴스레터는 하나같이 자신들의 예측 능력이 탁월하다고 주장합니다. 대게는 자신의 예측이 맞았던 특정 시기만을 선택적으로 보여주는 방식으로 이를 입증하려 하죠.

저도 결국 시장 타이밍 전략에 도전해 보기로 마음먹었습니다. 그리고 몇 년 동안 다양한 시장 타이밍 뉴스레터들이 제공하는 예측을 참고해 투자를 했습니다.

결과는 다시 한번, 예상대로였습니다.

제가 매수한 펀드는 종종 시장 수익률을 밑돌았고, 반대로 매도한 펀드들이 더 좋은 수익률을 내는 경우도 많았습니다.

배운 교훈: 투자 뉴스레터는 돈 낭비며, 시장 예측 전략은 통하지 않는다.

"50년 가까이 이 업계에 몸담아 왔지만,
시장 타이밍 잡기를 일관되게 성공시킨 사람을
단 한 명도 본 적이 없습니다. 심지어 그런 사람을
'안다고 주장하는 사람'조차도 본 적이 없습니다."

- 존 보글

뱅가드 창립자

그럼에도 불구하고 굴하지 않고, 저는 다시 한번 '시장을 이기려는' 시도를 했습니다. 이번에는 '모닝스타 뮤추얼 펀드 바이블'을 연구하기로 했습니다.

이 자료는 두께가 6인치(약 15센치)에 달했고, 격주마다 업

데이트되었습니다. 당시에는 대부분의 대형 도서관에서 열람할 수 있었지만, 지금은 더 이상 인쇄물로 출판되지 않습니다.

펀드들의 과거 성과를 연구하면서, 저는 한 가지 중요한 사실을 깨달았습니다.

모닝스타에서 최고 성과인 5성급 펀드가 계속 5성급을 유지하는 경우가 거의 없었다는 점입니다. 많은 상위권 펀드들이 하위권으로 추락했습니다.

이것이 바로 '평균으로의 회귀Reversion to the Mean'입니다.

잘 알려진 것과 같이 투자의 세계에서 이것은 '중력'과도 같습니다. 한때 하늘 높이 날던 주식과 펀드도 뉴턴의 사과처럼 결국 떨어지게 마련이라는 의미입니다.

이 사실은 저에게 큰 충격이었습니다.

왜냐하면 저는 신문이나 잡지에 실린 펀드 순위표만 믿고, 수익률이 가장 높은 펀드를 고르기만 하면 시장을 이길 수 있다고 굳게 믿고 있었기 때문입니다.

그렇다면 그런 순위표들은 왜 존재하는 것일까요? (정답:

신문과 잡지를 팔기 위해서입니다)

2002년, 존 보글이 시카고에서 열린 모닝스타 투자 컨퍼런스에서 발표할 연설문 '진실을 말하는 차트The Tell-Tale Chart'의 최종 수정 작업을 하던 중, 저는 우연히 그 옆의 빈자리에 앉게 되었습니다.

그 기조연설에서 존 보글은 수많은 차트와 함께 '평균으로의 회귀'를 비롯해 매우 중요한 주제들을 다뤘습니다.

그 연설은 그 자리에 있던 수많은 투자자들에게 더 나은 투자자가 되는 길을 열어주었고, 여러분에게도 큰 도움이 될 수 있습니다.

배운 교훈(다시 한번): 과거의 성과는 미래의 성과를 예측하지 않는다.

"과거 실적만을 기준으로 펀드를 고르는 것은,
투자자가 할 수 있는 가장 어리석은 행동 중 하나다."

- 제이슨 츠바이크
〈월스트리트저널〉 칼럼니스트
《당신만 모르는 투자 상식》 저자

1986년, 저희 가족은 보유하고 있던 증권계좌를 메릴린치에서 뱅가드로 이전했습니다. 이 결정은 매우 어려운 결정이었습니다.

왜냐하면 저희의 주식 중개인은 오랜 친구였고, 때때로 자신의 멋진 요트에 저희를 초대해 함께 항해를 즐기곤 했기 때문입니다. (지금 와서 생각해보니, 그 요트를 사는 데 저희가 일조한 셈이었죠)

하지만 저희만 그런 경험을 한 것은 아니었습니다. 혹시 기회가 된다면 《고객의 요트는 어디에 있는가?》를 읽어보시기 바랍니다.

저희가 메릴린치를 떠난 후, 우리의 주식 중개인 친구는 다시는 저희를 요트에 초대하지 않았습니다.

지금 돌이켜보면, 메릴린치를 떠나 뱅가드로 옮긴 것은 우리가 내린 최고의 투자 결정이었습니다.

배운 교훈: 고비용의 주식 중개인과 그들의 숨겨진 수수료를 피하라.

저희는 뱅가드의 수수료 없는 펀드와 저비용 운용보수를 통해 시장 수익률을 이길 수 있을 것이라 믿고 있었습니다. 그래서 당시 성과가 좋아 보이던 16개의 뱅가드 펀드(대부분 액티브 펀드)를 포트폴리오에 담았습니다.

그리고 어떤 펀드의 성과가 떨어지면, 저는 그 펀드를 팔고 성과가 더 나은 펀드로 갈아타곤 했습니다.

하지만 저는 그때 깨닫지 못했습니다. 제가 하고 있던 것은 '비쌀 때 사고, 쌀 때 파는' 행동이었습니다.

말할 것도 없이, 우리의 포트폴리오는 계속해서 시장 수익률보다 저조한 성과를 내었습니다.

배운 교훈: 고점에서 사고 저점에서 파는 것은 실패하는 전략이다.

1994년, 저는 운 좋게도 두 권의 책을 읽게 되었습니다. 바로 버턴 말킬 교수의 《랜덤워크 투자수업》과 존 보글의 첫 번째 책 《보글 온 뮤추얼 펀드》였습니다.

그 순간, 마치 제 머릿속에서 전등 스위치가 켜진 듯한 깨달음이 찾아왔습니다.

이 두 권의 책은 제가 투자에 대해 알고 있다고 생각했던 모든 것을 완전히 뒤바꿔 놓았습니다.

두 책 모두 학문적 연구에 기반하여, 저 같은 일반 투자자가 인덱스 투자자가 되도록 설득했습니다. (인덱스 투자란 개별 종목을 고르지 않고, 특정 범주의 모든 주식을 보유하는 전략을 말합니다)

지금 저는 존 보글이 쓴 모든 책을 소장하고 있고, 모두 읽었었습니다. 저는 존 보글이 저를 '쓰리펀드 포트폴리오'로 이끌어주었고, 덕분에 편안한 은퇴 생활을 즐길 수 있게 되었다고 믿습니다.

그래서 저는 친구들에게 자주 이렇게 말하곤 합니다.

"나는 존 보글이 지어준 집에 살고 있어!"

그리고 저처럼 말하는 수많은 친구들과 보글헤드들을 알고 있습니다.

이제 우리는 보글헤드의 단순한 투자 철학을 따르며 이렇게 투자합니다.

보글헤드 투자 철학 10계명

1. 실행 가능한 계획을 세워라.

2. 일찍, 자주 투자하라.

3. 너무 많은 위험도, 너무 적은 위험도 감수하지 마라.

4. 분산 투자하라.

5. 시장을 예측하려 하지 마라.

6. 가능하면 인덱스 펀드에 투자하라.

7. 비용을 낮게 유지하라.

8. 세금을 최소화하라.

9. 단순하게 투자하라.

10. 끝까지 항로를 유지하라.

"테일러, 제 투자 인생이 시작될 때 당신의 글과 추천
도서들이 저를 '쓰리펀드 포트폴리오'의 지혜로
이끌었습니다. 이 전략은 제 가족에게 잘 맞았고,
인생에서 더 중요한 일에 쓸 시간과 에너지를
마련해주었습니다."

- EM

"보글헤드 커뮤니티에 올린 '쓰리펀드 포트폴리오'
게시물로 제 투자 여정을 시작하게 되었습니다.
그리고 '단순함'이라는 인생의 교훈도 얻었죠.
수년간 아낌없이 배푼 조언에 평생 감사드릴 겁니다."

- SU

"나이가 들수록 '쓰리펀드 포트폴리오'가 대부분의
투자자에게 훌륭한 선택이라는 믿음이 점점
확고해집니다."

- AB

"제가 '쓰리펀드 포트폴리오(또는 유사한 구성)'를
고수하게 된 가장 큰 이유는 바로 경험입니다.

저희 부부는 단순함의 가치를 깨닫기까지 30년이
걸렸습니다. 지금은 '쓰리펀드 포트폴리오'의
기본 구성에서 거의 벗어나지 않습니다.
(어깨 위에 짓눌린 짐이 쑥 내려간 기분입니다.)"

- BT

"당신과 보글헤드의 철학 덕분에 50/50 자산 배분으로
쓰리펀드 포트폴리오에 투자한 것은 제가 가장
잘한 일 중 하나였습니다."

- UL

저희 부부는 단순함의 가치를 깨닫기까지 30년이
걸렸습니다. 지금은 '쓰리펀드 포트폴리오'의
기본 구성에서 거의 벗어나지 않습니다.

하나, 둘, 셋만큼이나 쉬운: 단순하지만 단편적인 것은 아니다

생각이 단순한 사람들은 비슷한 생각을 하며, 어쩌면 나보다 훨씬 뛰어난 수많은 사람들이 모이면 위대한 힘을 발휘할지도 모릅니다. 하지만 명심할 것은, '단순함simple'이 곧 '단편적simplistic'이라는 뜻은 아니라는 점입니다.

예를 들어, 다우존스 마켓워치의 칼럼니스트 폴 패럴은 투자자들을 위해 8개의 성공적인 포트폴리오를 공유한 바 있습니다. 그는 이 포트폴리오들을 '게으른 포트폴리오Lazy Portfolio'라 부르며 소개했습니다.

이 포트폴리오에는 다음과 같은 유명 투자자들의 제안이 포함되어 있습니다.

예일 대학교 기금의 최고투자책임자CIO 데이비드 스웬슨, 250억 달러 규모의 자산운용사 AJO 파트너스의 창립자 테드 아론슨, 《커피하우스 투자자》의 저자 빌 슐타이스, 그리고 베스트셀러 투자서의 저자인 스콧 번스와 빌 번스타인 등입니다.

그중에서도 가장 눈에 띄는 것은 '2학년 포트폴리오Second Grader Portfolio'로, 이 포트폴리오는 투자 자문가인 앨런 로스가 젊은 투자자들을 위해 쓰리펀드 포트폴리오를 입문자용으로 만든 것입니다. 웰스 로직의 창립자이자 칼럼니스트, 저자이기도 한 앨런 로스는 아들이 8세였을 때, 《초등학교 2학년이 월스트리트를 이기는 방법How a Second Grader Beats Wall Street》을 아들과 함께 공저했습니다.

지난 12년간, 이들 부자는 모든 보글헤드들이 익히 알고 있는 쓰리펀드 포트폴리오 전략을 통해 놀라운 투자 성과를 거두었습니다. 물론 이 포트폴리오는 장기간 투자가 가능한 젊은 투자자들에게 적합하게 주식 비중이 매우 높은 공격적인 자산 배분을 따르고 있습니다. 하지만 데이터를 보면 단순함이 결국 이긴다는 것, 그리고 그의 아들처럼 일찍 시작하는 것이 얼마나 중요한지를 잘 보여줍니다. 다음은 2017년 1월 마켓워치에 공개된 결과입니다.

게으른 포트폴리오 8개의 투자수익률

포트폴리오	1년 수익률	3년 연평균 수익률	5년 연평균 수익률	10년 연평균 수익률
아론슨 패밀리 과세대상	20.16%	8.85%	8.76%	6.77%
펀드어드바이스 얼티밋 바이&홀드	14.73%	6.31%	6.47%	5.09%
번스타인 박사 스마트 머니	14.11%	7.35%	8.09%	6.17%
커피하우스	12.41%	6.68%	8.13%	6.76%
예일대 기금 인덱싱 투자	14.68%	6.39%	8.05%	6.72%
번스타인 박사 노 브레이너	20.00%	9.07%	9.88%	7.04%
마가리타빌	19.39%	8.36%	7.74%	5.58%
2학년 스타터	24.92%	11.33%	11.77%	7.55%
S&P 500	26.64%	13.97%	15.98%	10.16%

출처: https://www.marketwatch.com/lazyportfolio

앨런 로스는 이렇게 말합니다.

"투자 포트폴리오가 투자자에게 적합한지 여부는 대게 그 복잡성 수준에 달려 있습니다. 제가 본 최악의 포트폴리오는 너무나도 복잡해서 투자자 자신조차도 어떤 전략을 따르고 있는지 모른 채 끔찍한 성과를 내고 있었죠. 저는 항상 단순한 포트폴리오가 더 낫다고 믿어 왔고, 저만 그렇게 생각하는 것은 아닙니다."

앨런과 똑같이 저도 그렇다고 생각합니다. 본인의 목표에 맞는 주식/채권 비중을 결정하고, 주식시장이 때때로 선사하는 험난한 여정을 받아들일 수 있는 인내심을 가지는 것이 중요합니다. (이 과정에서 자신의 '위험 허용도'를 파악하게 될 것입니다)

고점에서 사고 저점에서 파는 실수를 반복하면서, 스스로를 최악의 적으로 만들 필요는 없습니다. 저처럼, 앨런의 8살 아들처럼, 그리고 수많은 보글헤드들처럼 투자 계획을 꾸준히 지켜나가는 것이 훨씬 쉬울 것입니다.

그리고 시간이 지나 나이가 들수록, 세 가지 펀드의 비중만 조금씩 조정해 나가시면 됩니다.

출처: 앨런 로스, '투자란 단순해야 한다: 세 가지 펀드 포트폴리오가 전부다', AARP, 2016년 11월 3일

제1장

투자 산업

미국의 투자 산업은 세계에서 가장 크고 수익성이 높은 산업입니다. 미국 소비자금융보호국CFPB이 2013년에 발표한 보고서에 따르면, "금융기관 및 기타 금융 서비스 제공업체들이 소비자 금융 상품 및 서비스를 위해 광고 및 직접 마케팅에 사용하는 총 지출액은 연간 약 170억 달러에 달한다"라고 합니다.

이 돈은 투자 산업의 고객, 즉 투자자들의 주머니에서 나와 기업의 소유주, 중개인, 투자 자문가 등 이익을 추구하는 이들의 주머니로 들어갑니다.

전직 주식 중개인이자 은퇴한 투자 자문가이며 8권의 금융 투자서를 집필한 릭 페리Rick Ferri는 이렇게 말했습니다.

“사실을 직시해야 합시다. 대부분의 투자회사들은 당신을 위해 돈을 벌어주는 것이 아니라, 당신에게서 돈을 벌기 위해 존재합니다. 수수료나 비용을 절감할 때마다, 그만큼의 돈이 고스란히 당신의 수익으로 돌아갑니다.”

도박 업계가 사람들이 카지노를 이길 수 있다고 생각하기를 바라는 것처럼, 투자 업계도 투자자들이 시장을 이길 수 있다고 생각하기를 원합니다. 물론 일부 운 좋은 도박꾼들이 카지노를 이기기도 합니다. 하지만 대부분은 그렇지 않습니다. 투자자들도 마찬가지입니다. 일부 투자자들은 시장을 이기기도 하겠지만, 대부분의 투자자는 시장을 이기지 못합니다.

왜 어떤 투자자는 시장 수익률을 뛰어넘는 성과를 내는 반면, 다른 투자자들은 그러지 못할까요?

이 책의 서문에서 저에게 ‘눈을 번쩍 뜨게 해주는 경험’을 제공한 책으로 언급했던 《랜덤워크 투자수업》의 저자이자 프린스턴 대학교의 버턴 말킬 교수는 다음과 같은 설명을 합니다.

"눈을 가린 원숭이가 다트를 던져 선택한 포트폴리오도 전문가들이 신중하게 선택한 포트폴리오만큼의 성과를 낼 수 있다."

물론, 이는 펀드매니저로 가득 찬 방처럼 원숭이로 가득 찬 방에서도 승자가 나올 수 있다는 것을 의미합니다. 하지만 안타깝게도, 원숭이든 펀드매니저든 그 승리자들이 성과를 반복할 가능성은 매우 낮습니다.

빌 밀러Bill Miller는 이러한 사실을 보여주는 대표적인 사례입니다. 그는 레그 메이슨 밸류 트러스트LMVTX 펀드를 운용했으며, 이 펀드는 15년 연속으로 S&P 500 지수를 능가한 유일한 펀드였습니다. 밀러는 펀드 업계의 스타가 되었고, 투자자들은 그의 펀드에 앞다투어 자금을 쏟아부었습니다.

하지만 다른 많은 성공한 펀드들처럼, LMVTX 역시 이후 15년간 성과가 추락하여 모닝스타 기준 전체 카테고리 하위 1%로 전락했습니다.

기억하십시오. 평균으로의 회귀는 중력과 마찬가지로 우리를 현실로 되돌려보냅니다.

금융 업계의 많은 사람들이 인덱스 투자^{Indexing}를 싫어합니다. 왜냐하면 비용이 낮은 인덱스 펀드는 판매로 많은 이익을 내기 어렵기 때문입니다. 이 업계는 우리가 시장을 이길 수 있다고 믿게 만들기 위해 수십억 달러를 들여 광고하고 마케팅을 합니다. 개별 주식, 채권, 펀드를 잘 선택하면 승리할 수 있다고 말이죠. (팩트: 그들은 그렇게 할 수 없습니다)

〈헐버트 파이낸셜 다이제스트^{Hulbert Financial Digest}〉 35주년 기념판에서 발행인 마크 헐버트^{Mark Hulbert}는 자신이 처음 뉴스레터를 추적하기 시작한 1980년 당시에는 28개의 뉴스레터가 있었다고 밝혔습니다. 그중 현재까지 살아남은 것은 단 9개, 나머지는 모두 사라졌습니다.

그리고 살아남은 9개의 뉴스레터 중에서도 시장 수익률(월셔 5000 지수로 측정)을 위험 조정 기준으로 초과 달성한 것은 단 2개뿐이었습니다.

28개 중 단 2개로, 그 확률은 매우 낮습니다.

약 20년간 보글헤드들이 꾸준히 강조해온 저비용 인덱스 펀드와 상장지수펀드ETF의 장점은 이제 점점 더 널리 알려지고 받아들여지고 있습니다. 인덱스 펀드의 우수한 성과에 대한 증거가 너무나도 명확해진 나머지, 2017년 4월 〈뉴욕타임스〉는 다음과 같이 보도했습니다.

"인덱스 펀드의 위력을 바탕으로, 뱅가드는 업계의 모든 펀드 회사들을 합친 것보다 더 많은 자금을 유치하고 있다."

번스타인의 빅-이프(Big-IF) 역설

신경과 의사로서의 경력을 포기하고 백만장자들의 투자 자문가가 된 빌 번스타인은 젊은 세대를 위해 집필했지만, 모든 투자자에게 적용 가능한 45페이지 분량의 짧은 소책자 《이프 유 캔If You Can》에서 다음과 같이 말합니다.

"만약 7살짜리 아이도 이해할 수 있고, 1년에 15분 정도만 투자하면 되며, 장기적으로 투자 전문가의 90%를 능가할 수 있을 뿐 아니라, 결국에는 당신을 백만장자로 만들어 줄 투자 전략이 있다고 하면 믿으시겠습니까?

믿기 어렵겠지만, 이건 사실입니다. 단, 이 간단한 전략을 당신의 직장 생활 내내 꾸준히 실천할 수 있다면 말이죠.

그렇게만 한다면, 대부분의 전문 투자자들을 능가할 수 있을 뿐 아니라, 무엇보다도 편안한 은퇴를 위한 충분한 자산을 쌓을 수 있을 것입니다."

번스타인의 투자 레시피

1. 25세부터 연봉의 15%를 투자하기 시작하세요.

2. 그 자금을 퇴직연금, 연금저축 또는 과세 계좌(또는 세 가지
   를 조합하여)로 투자하세요.

3. 그렇게 모은 돈을 세 가지 다른 펀드에 배분합니다.

   전체 주식시장 인덱스 펀드 (VTSAX, ETF VTI)

   전체 국제주식 인덱스 펀드 (VTIAX, ETF VXUS)

   전체 채권시장 인덱스 펀드 (VBTLX, ETF BND)

이 유용한 소책자는 현재 무료 PDF로 다음 링크에서 다운
로드 가능합니다:

https://www.etf.com/docs/IfYouCan.pdf .

제2장

존 보글
투자자의 가장 좋은
친구

이 책은 존 보글이 없었다면 나올 수 없었을 것입니다. 그는 최초의 소매용 인덱스 펀드를 발명했으며, 쓰리펀드 포트폴리오에 사용되는 세 가지 전체 시장 인덱스 펀드를 모두 만들어낸 인물입니다.

그는 사람들에게 잭Jack이라고 친근하게 불리기를 원하며, 세계적인 인덱스 펀드 자산운용사 뱅가드의 창립자입니다. 뱅가드는 독특하게도 회사의 창립자나 외부 주주들이 아닌 투자자들이 소유한 유일한 펀드 회사입니다.

이 구조는 뱅가드 투자자들에게 엄청난 선물이 되었습니다. 다른 펀드 회사들과 달리, 뱅가드는 투자자 수익의 일부를 회사 주주들에게 지급하지 않기 때문입니다.

따라서 회사 운영비용을 제외한 모든 수익이 고스란히 투자자에게 돌아갑니다. 그리고 그 결과는 정말 놀랍습니다.

"2017년 9월 30일 기준으로 뱅가드 머니마켓 펀드
9개 중 9개, 뱅가드 채권형 펀드 58개 중 55개,
뱅가드 혼합형 펀드 22개 중 22개, 뱅가드 주식형
펀드 137개 중 128개—총 226개의 뱅가드 펀드 중
214개—가 리퍼Lipper 동종 그룹 평균 수익률을
뛰어넘었습니다."

- 뱅가드 리포트

"존 보글은 평범한 사람들이 꿈과 희망을 실현할 수
있도록 투자 세계를 이끌어온 소수의 인물 중
한 명입니다. 그가 다루는 주제와 관계없이,
그는 금융이 단순해야 하고 정직하며 공정해야
한다는 강한 도덕적 신념에서 말하고 글을 씁니다."

- 제인 브라이언트 퀸

신디케이트 칼럼니스트

"저는 보글의 발명품(인덱스 펀드)이 바퀴, 알파벳,
구텐베르크 인쇄기, 와인 및 치즈와 함께 역사에

기록될 발명품이라 생각합니다. 인덱스 펀드는
보글을 부자로 만들지 못했지만, 인덱스 펀드는
투자자들의 장기 수익률을 획기적으로
높여줬습니다."

- 폴 새뮤얼슨

노벨 경제학상 수상자

뱅가드의 장점은 점점 더 많은 사람들에게 인정받고 있습니다. 뱅가드는 현재 전 세계에서 가장 큰 펀드 회사로, 운용자산 규모는 4조 달러를 넘어섰습니다.

존 보글은 회사 이익의 일부를 챙겨 충분히 수십억 달러의 부자가 될 수 있었지만, 그는 그 돈을 자신이 아니라 뱅가드 펀드의 실제 소유주인 투자자들에게 돌려주기로 결정했습니다.

저와 제 아내는 1999년 2월, 플로리다주 올랜도에서 열린 머니쇼에서 존 보글을 처음 만났습니다. 그때 그는 행사의 기조 연설자였습니다.

그는 《보글헤드 투자 가이드》라는 우리의 첫 번째 책의 서문에서 그 첫 만남에 대해 직접 언급하기도 했습니다.

1999년 2월 3일, 저는 제 인생에서 처음으로 보글헤드를 직접 만났습니다. 그날은 플로리다주 올랜도에서 열린 머니쇼에서 제가 '투자 문화의 충돌: 복잡성 vs. 단순성'이라는 다소 논쟁적인 주제로 강연을 한 날이었습니다.

제 연설은 저를 초청한 주최측을 당황하게 만들었고, (부자가 되는 쉬운 길을 제시했던) 후원사들을 분노하게 했습니다. 반면, 수천 명의 개인 투자자들은 제 연설에 놀라움과 기쁨을 감추지 못하는 듯했습니다.

강연 직전, 테일러 래리모어 부부가 제게 다가와 자신을 소개했습니다. 테일러는 당시에도, 지금도 보글헤드의 비공식적인 리더로 여겨졌던 인물이며, 제가 지금껏 만나본 사람들 중에서 손꼽힐 정도로 훌륭한 인격자였습니다.

따뜻하고, 사려 깊으며, 지적이고, 투자에 대한 통찰력이 뛰어날 뿐만 아니라, 남을 도우려는 열정까지 갖춘 사람이었죠. 그는 또한 제2차 세계대전의 참전용사이자 뛰어난 선원이기도 합니다.

제가 이 사실들을 언급하는 이유는 첫 번째로 전쟁은 용기와 규율을 요구하고, 두 번째로 항해는 치밀한 계획과 흔들림 없는 항로 유지, 그리고 바람과 조류에 따른 유연한 조정을 필요로 하기 때문입니다.

우연히도 이 모든 특성들은 성공하는 투자자에게 꼭 필요한 핵심 덕목이기도 합니다.

다음으로 존 보글을 만날 기회는 2000년 3월, 그가 마이애미를 방문했을 때였습니다. 그는 이번에도 〈마이애미 헤럴드〉가 주최한 '메이킹 머니' 세미나의 기조연설자였습니다.

당시 저는 모닝스타 온라인 포럼에서 멜 린다우어와 좋은 친구가 되어 있었고, 우리는 첫 번째 보글헤드 모임을 제가 사는 마이애미의 자택에서 열 계획이었습니다. 포럼을 통해 함께 저녁 식사를 할 사람들을 공개적으로 초청했습니다. 마침 존 보글이 마이애미를 방문할 예정이라는 소식을 듣고, 우리는 그가 보글헤드 행사에 참석할지도 모른다는 희망을 품고 그를 초대했습니다. 그리고 운 좋게도 그는 참석을 수락했습니다!

그날은 21명의 보글헤드가 모인 아름다운 저녁이었습니다. 제 아내는 정성껏 플로리다산 랍스터 요리를 준비했고, 존 보글은 자리를 함께하며 자신이 겪었던 이야기들을 들려주었습니다다. 투자자들이 소유하는 전혀 새로운 형태의 펀드 회사를 만들기 위해 겪었던 어려움들에 대해 말이죠.

그는 늘 그랬듯이, 정직하고 담백한 태도로 우리 모두의 질문에 성실히 답해 주었습니다. 그 이후로 저는 존 보글 부부와 친분을 쌓을 수 있는 행운을 누려 왔습니다.

존 보글은 2011년 출간한 《그런 기대하지 마세요Don't Count On It》에서 저를 자신의 '영웅' 중 한 명으로 소개해주는 큰 영광까지 안겨주었습니다.

하지만 진짜 영웅은 바로 존 보글 본인입니다. 그는 업계에 맞서 목소리를 내고, 글을 쓰고, 행동으로 싸워 왔습니다. 그리고 무엇보다도 '일반 투자자들에게 공정한 기회를 제공하겠다'라는 신념을 평생 실천해낸 인물이기 때문입니다.

존 보글은 2019년 사망할 때까지 아내와 함께 뱅가드 본사 캠퍼스 근처 소박한 집에서 살았습니다. 그는 낡은 볼보를 직접 운전하고, 1996년 심장이식 수술을 기다리는 동안 친구가 선물한 14달러짜리 손목시계를 차고 있었습니다.

존 보글은 1999년 뱅가드의 회장직에서 은퇴했습니다. 은퇴 이후에도 그는 존 보글 리서치 센터John C. Bogle Research Center에서 대부분의 시간을 보내며, 끝까지 투자자들을 위한 연구와 활동을 멈추지 않았습니다. 그리고 그는 관대하고 따뜻한 사람답게, 자신의 소득 대부분을 자선단체에 기부했습니다.

존 보글이 세계에 끼친 공헌은 결코 헛되지 않았습니다. 〈타임〉은 그를 '우리의 삶을 빛낸 100명의 영웅과 아이콘' 중 한 명으로 선정했으며, 〈포춘〉은 '20세기 투자 산업의 4대 거인' 중 한 명으로 꼽는 등. 그는 지금까지 수백 개의 상을 수상했습니다.

"만약 미국 투자자들을 위해 가장 많은 일을 한
사람을 기리는 동상이 세워진다면, 단연코 그 자리는
존 보글이어야 합니다."

— 워런 버핏
2016년 버크셔 해서웨이 주주 서한에서

보글헤드의 목소리

"테일러가 제안하는 단순한 선택들 속에 얼마나 많은
지식이 담겨 있는지 정말 믿기 어려울 정도입니다."

- UN

"보글헤드 커뮤니티와 테일러 래리모어 덕분에 저는
큰 깨달음을 얻었습니다. 지출을 소득보다 적게 하며,
쓰리펀드 포트폴리오에 투자하면, 세 가지 광범위한
시장의 미래 수익에서 저의 정당한 몫을 얻을 수
있다는 사실을요. 그것이 어떤 수익률이든 말입니다."

- LO

"쓰리펀드 포트폴리오는 이해의 깊이와 단순함이
절묘하게 어우러진 위대한 전략입니다."

- LE

"보글헤드 커뮤니티를 위해 시간과 지식을 아낌없이
나눠주시고, 쓰리펀드 포트폴리오라는 훌륭한
아이디어를 전파해 주서서 감사합니다."

- AL

제3장

존 보글이 선보인
3개의 전체 시장
인덱스 펀드

앞서 제가 존 보글과 어떻게 만나 좋은 친구가 되었는지 이야기를 들려드렸습니다. 이제는 본격적으로 '쓰리펀드 포트폴리오'가 우리 같은 개인 투자자들에게 어떻게 실질적으로 도움이 되는지 하나씩 쉽고 명확하게 살펴보겠습니다.

정말로 '하나, 둘, 셋'처럼 간단한 이야기입니다.

1976년, 존 보글은 세계 최초의 소매용 인덱스 뮤추얼 펀드, 즉 '뱅가드 500 인덱스 펀드the Vanguard 500 Index Fund'를 선보였습니다. 이 펀드는 미국의 대형주 500개로 구성되어 있었습니다.

하지만 그는 곧 이렇게 판단하게 됩니다.

"대형주뿐만 아니라 중형주, 소형주까지 포함하는 미국 전체 주식시장을 담은 단일 펀드가 더 나은 선택이 될 수 있다."

또한, 그는 다각화된 하나의 고품질 채권형 펀드의 필요성과 국제적 분산 투자의 수요 증가도 인식하게 되었죠.

그 결과, 존 보글은 세 가지의 저비용 전체 시장 인덱스 펀드를 도입하게 됩니다. 세 가지 전체 시장 인덱스 펀드는 다음과 같습니다.

뱅가드 전체 주식시장 인덱스 펀드 (Vanguard Total Stock Market Index Fund, VTSAX, ETF VTI)

VTSAX는 1992년 출시되었으며, 투자자들이 매우 저렴한 비용으로 3,500개 이상의 미국 기업 주식을 보유할 수 있도록 합니다. VTSAX(최소 투자 금액 3,000달러)의 운용보수 비율은 0.04%입니다. 실제 금액으로 환산하면, 투자자는 10,000달러를 투자했을 때 연간 비용이 4달러에 불과하다는 뜻입니다. 정말 놀라운 일입니다.

게다가 VTSAX를 추종하는 ETF인 VTI에 투자하면 총보수는 0.03%로 더 저렴해집니다. VTI에 투자하면 소액투자가 가능할 뿐만 아니라, 실시간 거래가 가능함은 물론 장기투자 시에 세금 부담도 감소하는 장점이 있습니다.

뱅가드 전체 채권시장 인덱스 펀드 (Vanguard Total Bond Market Index Fund, VBTLX, ETF BND)

VBTLX은 1986년 출시되었으며, 투자자들이 8,000개 이상의 고도로 분산된 고품질의 미국 채권을 보유할 수 있도록 합니다. VBTLX(최소 투자 금액 3,000달러)의 운용보수 비율은 0.05%입니다.

VBTLX도 추종하는 ETF인 BND에 투자하면 총보수는 0.03%로 더 저렴해집니다. ETF 상품이 갖는 장점을 누리는 것도 가능합니다.

뱅가드 전체 국제주식 인덱스 펀드 (Vanguard Total International Stock Index Fund, VTIAX, ETF VXUS)

VTIAX는 1996년 출시되었으며, 투자자들이 신흥시장 주식을 포함하여 6,000개 이상의 미국 외 해외주식을 보유할 수 있도록 합니다. VTIAX(최소 투자 금액 3,000달러)의 운용보수 비율은 0.11%입니다.

VBTLX도 관련 ETF인 VXUS로 투자하는 것이 가능합니다. 총보수는 0.07%로 더 저렴해지고 ETF의 장점도 누릴 수 있습니다.

존 보글 덕분에 일반 투자자들도 역사상 처음으로 17,000개가 넘는 분산되고 중복되지 않는 전 세계 유가증권들을 놀랍도록 낮은 비용으로 소유할 수 있게 되었습니다.

투자자들도 점점 이를 인식해가고 있습니다. 이제 존 보글이 만든 세 가지 전체 시장 인덱스 펀드는 모두 해당 카테고리에서 세계 최대 규모의 펀드가 되었습니다.

"나는 모든 시장(All-market)을 포괄하는 인덱스
펀드가 대부분의 투자자들에게 최고의 선택이라고
생각합니다. 바늘을 찾으려 애쓰지 마십시오.
건초 더미 전체를 사세요."

- 존 보글
투자분석가협회에서

"테일러의 '쓰리펀드 포트폴리오' 게시글은 제가
지금까지 금융 사이트에서 읽어본 어떤 것보다
훌륭한 내용이었습니다."

- CL

"은퇴를 앞두고 저는 모든 보글헤드, 특히
테일러에게 진 빚을 더욱 절실히 느끼고 있습니다.
그의 책은 저를 쓰리펀드 포트폴리오(+TIPS)로
이끌었고, 덕분에 저는 놀랍게도 7자리 수의 자산을
가지고 은퇴를 맞이하게 되었습니다.
모든 것이 달라졌습니다."

- DP

"단순함, 저렴한 비용, 낮은 세금, 그리고 우수한 분산
투자의 효과는 정말 인상적입니다."

- SG

"투자에 대한 복잡하고 혼란스러운 메시지가 가득한
가운데, 쓰리펀드 포트폴리오는 신선한 바람이며
수십 년간 존 보글이 가르쳐온 가치의 정수입니다."

- ST

릭 페리/알렉스 벤케 연구

2013년 6월, 릭 페리[CFA]와 그의 동료 연구원 알렉스 벤케 [CFP]는 쓰리펀드 포트폴리오의 핵심인 뱅가드의 세 가지 전체 시장 인덱스 펀드의 수익률을 무작위로 선정된 5,000개의 유사한 액티브 펀드 포트폴리오와 비교한 28페이지 분량의 연구를 수행했습니다.

이 연구는 10년(2003년~2012년)과 16년(1997년~2012년)의 기간 동안 성과를 비교했으며, 그 결과 16년간 인덱스 포트폴리오가 82.9%의 확률로 액티브 포트폴리오보다 더 나은 성과를 냈다는 사실에 기반하여 다음과 같은 결론을 도출했습니다.

"인덱스 포트폴리오는 보유 기간이 길수록 액티브 포트폴리오보다 더 좋은 성과를 낼 가능성이 커진다."

"모든 자산군에서 인덱스 펀드만으로 구성된 분산 포트폴리오는 단기적으로도 이기기 어렵고, 시간이 갈수록 더더욱 이기기 힘들어진다."

"투자자들은 인덱스 펀드로만 구성된 분산 포트폴리오

를 장기 보유함으로써, 자신의 투자 목표를 달성할 확

률을 높일 수 있다.

출처: 2014년 2월에 베러먼트(Betterment)에서 발표.

제4장

전체 시장 인덱스 펀드의 20가지 장점
(순서에 특별한 의미 없음)

장점 1
조언자 리스크
없음

쓰리펀드 포트폴리오는 놀라울 정도로 유지 관리가 간단합니다. 이러한 이유로 대부분의 쓰리펀드 포트폴리오 투자자는 주식 중개인이나 투자 자문가의 도움이 필요 없으며, 그에 따른 추가 비용과 위험도 자연스럽게 피할 수 있습니다.

> "상류층이 더 나은 투자 조언을 찾기 위해 애쓴 결과,
> 지난 10년 동안 전체적으로 1,000억 달러 이상의
> 낭비가 발생했다."
>
> - 워런 버핏
>
> 2017년 버크셔 해서웨이 주주 서한에서

투자 자문가의 도움을 얻을 때, 우리에게는 두 가지 위험이 존재

합니다. 바로 '무능함'과 '이해 충돌'입니다.

무능함 ——

대부분의 주에서는 주식 중개인이나 투자 자문가가 되기 위해 필요한 최소 교육 요건이 미용사나 전기기술자가 되기 위해 필요한 교육 수준보다 낮습니다. 심지어 고등학교 졸업장조차 요구하지 않는 경우도 많습니다.

투자 자문가는 기본적인 금융상품 지식과 해당 주 및 연방 법률에 대한 기본 지식을 묻는 자격시험만 통과하면 자격을 얻을 수 있습니다. 그러나 재무설계 자체에 대한 실질적이거나 공식적인 교육은 전혀 요구되지 않습니다.

이해 충돌 ——

우리는 수익을 얻기 위해 가장 낮은 비용을 원합니다. 하지만 당신의 투자 자문가는 자신과 자신의 가족을 위해 가장 큰 수입을 원합니다. 이제 누가 이길지 짐작할 수 있을 것입니다.

투자 자문가에게 지급되는 보수는 전부 당신의 투자 수익에서 빠져나가는 돈입니다. 투자 기간이 길어질수록 자문 수수료와 중개 수수료의 누적 효과는 매우 클 수 있으며, 다음 표는 그

누적 비용이 어떤 수준에 이르는지를 보여줍니다.

투자 기간	연간 수수료율					
	0.10%	0.25%	0.50%	1.00%	2.00%	3.00%
3년	-0.3%	-0.7%	-2.9%	-2.9%	-5.8%	-8.5%
5년	-0.5%	-1.2%	-4.9%	-9.4%	-9.4%	-13.7%
10년	-1.0%	-2.5%	-9.5%	-18.0%	-18.0%	-25.6%
20년	-2.0%	-4.9%	-18.0%	-32.7%	-32.7%	-44.6%
30년	-3.0%	-7.2%	-25.8%	-44.8%	-44.8%	-58.8%
40년	-3.9%	-9.5%	-32.8%	-54.7%	-54.7%	-69.3%

출처: 뱅가드

자문 수수료는 미미해 보이고 쉽게 감춰집니다. 하지만 여러 연구에 따르면 주식 중개인과 투자 자문가는 실제로 고객보다 더 많은 수익을 올릴 수 있다고 합니다.

이들 중 일부는 윤리적 문제점을 가질 수 있으며, 많은 경우 고객의 이익보다 자신의 이익을 먼저 생각하는 경우도 적지 않습니다. 게다가 진짜 비용은 고객이 받는 명세서의 작은 글씨 안에 교묘히 숨겨져 있는 경우가 많습니다.

"숨겨진 수수료는 고혈압과 비슷하다. 실제로 느껴지지도 눈에 띄지도 않지만, 결국 당신을 해치게 된다."

- 제프 애치슨

CFP

2016년 4월 14일, 미국 노동부는 금융 업자들이 (자신의 이익이 아닌) 고객의 이익을 최선으로 고려해 은퇴와 관련된 투자 조언을 제공하도록 요구하는 '수탁 의무' 규정안을 제안했습니다.

하지만 예상할 수 있듯, 보험 회사, 펀드 회사 및 증권 회사들이 수많은 로비스트 군단을 앞세워 이 규정의 시행을 격렬하게 반대하고 있습니다.

> "당신이 만나는 모든 중개인, 보험 설계사, 펀드
> 판매원, 그리고 투자 자문가를 하나같이
> '강력 범죄자'라고 생각하고 행동하십시오.
> 그리고 저비용 인덱스 펀드에만 투자하면 당신은
> 잘 해낼 수 있습니다."

- 윌리엄 번스타인

《투자의 네 기둥》 저자

모든 투자 자문가를 피하라고 말하는 것은 아닙니다. 정말로 자문이 필요한 분들에게는 저비용 자문가가 충분히 그 수수료만큼의 가치를 제공할 수 있습니다.

좋은 자문가들은 많은 투자자들이 스스로 감당하기 어려운 금융 서비스를 제공해줄 수 있습니다.

예를 들어, 유능한 자문가는 다음과 같은 도움을 줄 수 있습니다.

- 당신의 재무 목표를 설정하고, 그 목표를 달성하기 위해 얼마나 저축해야 하는지 결정하는 데 도움을 줍니다.

- 가장 적절한 자산 배분을 구조화하는 데 도움을 줍니다.

- 약세장 기간 동안 목표를 유지할 수 있도록 도움을 줍니다.

- 생명보험, 장애보험, 의료보험 등 보험이 필요한 경우 점검을 도와줍니다.

- 세금, 사회보장, 연금, 세금 손실 수확, 리밸런싱, 인출 순서, 유산 상속 및 기타 재정 문제에 대한 조언을 제공합니다.

만약 자문 서비스가 필요하다고 느끼신다면, 뱅가드의 개인 자문 서비스Personal Advisory Service를 고려해볼 수 있습니다. 그들은 비상임 전문 자문가로 현재 자산의 0.3%만을 수수료로 청구합니다. 서비스에는 자산 이전에 대한 심층 분석 및 지원이 포함됩니다.

하지만 개별적으로 투자 자문가를 고용해야 한다면, 그들이 추천하는 금융상품으로 수수료를 받는지 이해 충돌 여부를 확인하고, 직접 수수료만을 받는 자문가를 추천합니다. 이러한 자문가를 이용하는 것은 자산 관리 금액AUM의 일정 비율을 매년 수수료나 커미션으로 청구하는 중개인이나 다른 고비용 투자 자문가에게 지불하는 비용보다 훨씬 저렴할 수 있습니다.

또한, 자문을 고려 중인 자문가에 대한 징계 이력이 있는지 증권거래위원회SEC에서 확인해야 합니다.

그리고 무엇보다도, 단순하고 성공적인 '쓰리펀드 포트폴리오'는 거의 모든 투자자들이 자신의 포트폴리오를 스스로 관리할 수 있게 해주기 때문에 비싼 자문 서비스의 필요성을 크게 줄여줍니다.

더 많은 정보를 얻고 싶은 투자자라면《보글헤드 투자 가이드》또는《보글헤드 은퇴 플래닝》을 읽어보시기 바랍니다. 이 책들은 많은 투자자들이 전문가 없이도 충분히 독립적인 재무 계획을 세울 수 있도록 도와줍니다.

장점 2
자산 팽창의
역설 없음

적극적으로 관리되는 펀드에 새로운 자금이 넘쳐나면 매우 큰 혼란을 초래하며, 보통 수익률이 낮아지는 결과를 낳습니다. 이를 '자산 팽창Aasset Bloat'의 역설이라고 합니다.

하지만 전체 시장 인덱스 펀드는 자산 팽창의 영향을 거의 받지 않습니다.

자산 팽창은 다음과 같은 문제들을 발생시킵니다.

- 투자자들이 인기 있는 액티브 펀드에 몰려들면, 해당 펀드에는 엄청난 규모의 새로운 자금이 투입됩니다. 이로 인해 펀드매니저는 추가적인 종목 분석에 더 많은 시간을 할애해야 하고 결국 펀드 운용에 방해가 됩니다. 또한, 새로운 자금을 가능한 한 빨리 투자해야 하기 때문에 펀드매니저의 업무 부담은 늘어날 수

밖에 없습니다.

- 펀드매니저는 대규모 자금을 한 기업에 투자할 경우, 그 기업의 주가에 영향을 주지 않고서는 해당 주식을 매수할 수 없습니다. 이는 해당 주식을 대량으로 매수함에 따라 주가를 끌어올리는 효과 때문입니다. 이런 시장의 영향은 특히 소형주의 경우 더욱 두드러지게 나타납니다.

- 펀드 자산이 증가함에 따라 펀드매니저는 자금을 효과적으로 운용하는 것이 점점 어려워집니다. 자산이 커질수록 적절한 신규 투자 종목 수는 줄어들며, 그로 인해 펀드의 원래 전략과 목표를 유지하기 어려워집니다. 또한, 펀드매니저는 거래 수수료, 매수-매도 스프레드, 시장 충격, 기회비용 등이 증가하여 기존 투자자들의 수익률에 악영향을 미친다는 사실을 잘 알고 있습니다.

- 펀드 관련 규정에 따르면, 단일 펀드는 어떤 회사의 의결권 있는 주식 10% 이상을 보유할 수 없습니다. 이 제한으로 인해 펀드매니저는 펀드가 이미 소유하고 있는 회사의 주식을 추가로 매수하는 것이 어려워질 수 있으며, 결국 펀드매니저는 덜 매력적인 주식을 매수하도록 강요받게 됩니다.

피델리티 마젤란 펀드_{Fidelity Magellan Fund}는 자산 팽창의 피해 사례로 자주 언급됩니다. 1990년 당시, 마젤란 펀드는 세계에서 가장 큰 펀드였습니다. 그러나 늦게 투자한 투자자들에게는 불운한 결과가 따랐습니다. 이후 수익률은 모닝스타 카테고리 기준에서 최하위 1%까지 추락했고, 이로 인해 많은 투자자들은 평생 모은 돈의 상당 부분을 잃게 되었습니다.

반면 뱅가드는 펀드가 과도하게 커졌을 때, 기꺼이 신규 자금을 차단하는 정책으로 잘 알려져 있습니다.

예를 들어, 2016년 뱅가드는 306억 달러 규모의 배당 성장 펀드Dividend Growth Fund, VDIGX에 대한 신규 투자자의 투자를 차단했습니다. 당시 뱅가드 CEO였던 빌 맥냅Bill McNabb은 다음과 같이 설명했습니다.

"뱅가드는 펀드매니저가 장기적으로 경쟁력 있는 성과를 낼 수 있도록, 지나치게 빠른 자금 유입을 적극적으로 조절하려 하고 있습니다."

예일 대학교 기금의 최고투자책임자CIO이자 《상식 밖의 승리Unconventional Success》의 저자인 데이비드 스웬슨은 이렇게 말했습니다.

"팽창된 포트폴리오와 과도한 수수료는 펀드운용사들이 투자자로부터 수익을 착취하는 가장 명백한 방식이다."

하지만 전체 시장 인덱스 펀드는 수천 개 종목에 자동으로 분산 투자되므로, 자산 팽창의 영향을 거의 받지 않습니다.

새로운 자금이 유입되더라도 자연스럽게 모든 종목에 고르게 분산되기 때문입니다.

 **보글헤드의 목소리**

"친애하는 테일러께, 쓰리펀드 포트폴리오에 대한
교육 덕분에 저는 투자에 따르는 대부분의
스트레스와 긴장으로부터 벗어날 수 있었습니다."

- SA

장점 3
인덱스 프론트 러닝
없음

'인덱스 프론트 러닝Index Front Running'이란 어떤 주식이 더 이상 해당 지수의 충족 요건을 채우지 못해 인덱스 펀드 펀드매니저가 곧 주식을 매도해야 한다는 사실을 트레이더들이 사전에 알고 있는 경우를 말합니다.

예를 들어, 소형주가 너무 성장해서 더 이상 소형주 지수에 속할 수 없게 되었거나, 가치주가 성장주로 변모하여 분류가 바뀐 경우에 발생합니다.

이런 상황에서, 트레이더들은 해당 카테고리 내의 한두 종목이 곧 매도될 것이라는 사실을 예측할 수 있습니다. 마찬가지로 트레이더가 어떤 주식이 지수에 새로 편입될 예정이라는 사실을 미리 알고 있을 때도 같은 원리가 적용됩니다.

이러한 사전 정보는 일반적으로 매도될 주식의 가격은 하락하고, 매수될 주식의 가격은 상승하여 결과적으로 인덱스 펀드 펀드매니저와 투자자 모두에게 손해를 끼치게 됩니다.

2015년 3월, 아메리칸 항공이 S&P 500 지수에 편입될 것이라는 발표가 있었습니다. 이 발표 후, 실제 편입이 이루어지기까지 4일 동안 해당 기업의 주가는 11% 상승했습니다. 그 결과, S&P 500 인덱스 펀드는 더 비싼 가격에 해당 주식을 매수해야 했고, 이는 지수의 비용을 증가시켜 장기적인 성과에 부정적인 영향을 주었습니다.

윈턴 캐피탈 매니지먼트Winton Capital Management Ltd.의 연구에 따르면 S&P 500 지수는 1990년부터 2011년까지 인덱스 프론트 러닝으로 인해 연평균 0.2%포인트의 손실을 입었습니다.

반면, 전체 시장 인덱스 펀드는 사실상 모든 상장 주식을 보유하고 있기 때문에 인덱스 프론트 러닝의 영향을 받지 않습니다.

예를 들어, 어떤 주식이 소형주 지수에서 제외되어 매도되고 동시에 중형주 지수에 편입되어 매수된다 하더라도, 전체 시장 인덱스 펀드의 운용자 입장에서는 아무런 변화도 일어나지 않습니다. 해당 주식을 팔지도 않고, 새로 사지도 않기 때문입니다.

그 결과, 인덱스 프론트 러닝으로 인한 손실이나 보이지 않는 매매 비용(숨은 회전 비용)을 효과적으로 피할 수 있습니다.

 **보글헤드의 목소리**

"저는 수년 동안 쓰리펀드 포트폴리오를 사용해 큰 성공을 거두었습니다."

— DO

장점 4
펀드매니저 리스크
없음

존 보글이 최초의 소매용 인덱스 펀드를 출시한 이래로 금융 업계는 매년 수십억 달러를 들여가며 투자자들이 저비용 인덱스 펀드 대신, 수익성이 높은 액티브 펀드에 머물도록 유도하려는 싸움을 계속해 왔습니다. 그러나 그 싸움은 결국 지는 싸움입니다.

'펀드매니저 리스크'의 대표적인 사례는 피터 린치가 운용했던 피델리티 마젤란 펀드입니다. 1977년부터 1990년까지, 이 펀드는 연평균 29%의 수익률을 기록하며 당시 세계 최고의 성과와 규모를 자랑하는 펀드가 되었습니다.

그런데 무슨 일이 있었을까요?

1990년, 피터 린치가 은퇴를 결정하면서 마젤란 펀드는 여러 명의 새로운 매니저들을 고용했다가 잇따라 해고하는 과정을 반복하게 됩니다. 이후 펀드의 성과는 시장 평균을 밑돌기 시작했고, 특히 고점에 진입했던 많은 투자자들이 큰 손실을 보고 매도하기 시작했습니다.

결국 2018년 1월 12일, 마젤란 펀드는 10년 수익률 기준으로 모닝스타 카테고리 하위 11%로 전락했습니다.

브루스 버코위츠Bruce Berkowiz가 운용하는 페어홀름 펀드 Fairholme Fund도 펀드매니저 리스크의 최근 사례 중 하나입니다.

그는 2009년 모닝스타가 선정한 '10년간 최고의 매니저'였지만, 2018년 1월 12일 기준 페어홀름 펀드는 모닝스타 카테고리에서 하위 1%의 성과를 기록했습니다.

이 글을 작성하는 시점에도, 그는 여전히 해당 펀드의 펀드매니저로 재직 중입니다.

특정 펀드매니저 리스크 ——————————

1. 펀드매니저는 언젠가 떠납니다

피터 린치의 사례처럼 은퇴를 이유로 떠나는 경우도 있지만, 펀드매니저는 질병, 다른 펀드로의 이동, 다른 회사로의 이직 등 다양한 이유로 자리를 떠납니다. 그리고 많은 경우에는 성과 부진으로 해고되기도 합니다.

반면, 전체 시장 인덱스 펀드는 특정 매니저에게 의존하지 않기 때문에 이런 문제가 발생하지 않습니다.

2. 한때 뛰어난 성과를 보였던 펀드매니저도 결국 성과가 하락합니다

겉보기에 유능한 주식·채권 선별자가 단순히 시장 평균을 추종하는 인덱스 펀드를 쉽게 능가할 것처럼 보이지만, 실제로는 그렇지 않습니다.

앞서 언급한 빌 밀러나 브루스 버코위츠의 사례처럼 대부분의 스타 펀드매니저들은 결국 벤치마크 지수를 하회하는 성과를 내게 됩니다.

이런 현상을 '평균으로의 회귀'라고 부릅니다. 즉, 이례적으로 높은 성과는 시간이 지나면서 평균으로 돌아간다는 통계적

원칙입니다.

워런 버핏은 펀드매니저가 뛰어난 재능을 가진 것인지, 단지 운이 좋았던 것인지 구분하기 어렵다는 점을 설명하기 위해 자주 '원숭이 비유'를 사용했습니다.

"1,000명의 매니저가 연초에 시장을 예측한다고 하면, 그중 최소 한 명은 9년 연속 정확한 예측을 내놓을 가능성이 매우 높습니다.

물론, 1,000마리의 원숭이도 겉보기에 마치 예언자처럼 보이는 존재를 만들어낼 가능성은 똑같습니다."

인덱스 펀드 펀드매니저는 승리할 종목을 고르려고 시도하지 않습니다. 그들의 역할은 낮은 비용으로 지수를 정확하게 추종하는 것입니다. 성과는 '저비용'과 '지수와의 추적 오차 최소화'로 평가됩니다.

"1970년에 존재하던 355개의 주식형 펀드 중, 무려

233개 펀드가 사라졌고, 단지 24개의 펀드만이 시장
수익률을 연평균 1% 이상 초과 달성하였습니다.
이것은 형편없는 확률입니다."

- 존 보글
《모든 주식을 소유하라》에서

 **보글헤드의 목소리**

"정말 좋은 아이디어는 놀라울 정도로 빠르게 많은
사람들의 공감을 얻는다는 점이 신기합니다.
이 훌륭한 투자 접근법을 널리 알려주셔서
감사합니다. 수많은 사람들에게 실질적인 도움이
되었습니다."

- RA

개별 주식 리스크
없음

저는 2000년 3월, 〈마이애미 헤럴드〉가 주최한 머니쇼에 참석했던 일이 떠오릅니다.

그 당시는 알지 못했지만, 바로 그 시점은 미국 주식시장이 오랜 강세장을 거쳐 정점을 찍고, 대공황 이후 최악의 약세장을 맞이하기 직전이었습니다.

존 보글과 짐 크레이머(주식투자 방송인)가 행사의 주요 연설자였습니다. 존 보글이 먼저 연단에 올라 주식시장이 과열되었다고 경고했고, 양질의 채권을 충분히 보유할 필요성을 강조했습니다. 존 보글이 연설을 마치고 무대는 짐 크레이머에게 넘어갔습니다.

저는 두 권의 보글헤드 책을 함께 썼던 공저자 멜 린다우어와 함께 강당 뒤편에 서 있었습니다.

짐 크레이머Jim Cramer는 청중들에게 펜과 종이를 꺼내라고 한 뒤, 자신이 '확실한 승자'로 추천하는 10개의 개별 주식 리스트를 받아 적으라고 요청했습니다.

우리는 수백 명의 초보 투자자들이 짐 크레이머의 추천 주식을 열심히 받아 적는 모습을 지켜보았습니다. (사실 저도 과거에 직접 그런 식으로 투자해본 적이 있어서, 그들의 열정을 탓할 수는 없었습니다)

대부분의 청중은 인기 있는 주식방송 전문가로부터 중요한 주식 정보를 얻고 있다고 확신하는 듯 보였습니다. 하지만 그 추천이 실제로 어떤 결과를 낳았는지는 전혀 다른 이야기였습니다.

4년 후, 금융투자 전문지 〈배런스Barron's〉 2004년 4월호에서 앨런 아벨슨Alan Abelson은 다음과 같이 썼습니다.

"(짐 크레이머의) 2000년 닷컴버블 추천 종목 10개는 평균

90% 하락했습니다."

개별 주식을 고르는 것은 매우 위험하며, '짐 크레이머의 최고의 주식 추천' 사례가 그 점을 잘 보여줍니다.

펀드와 달리, 개별 주식은 가치가 0까지 폭락할 수 있습니다.

S&P 500 지수가 50주년을 맞이했을 때, 지수에 최초로 편입되었던 500개 기업 중 단 86개 기업만이 지수에 여전히 남아 있었습니다. 이는 개별 주식에 투자한 자산이 신기루처럼 사라지는 것이 실제로 가능하다는 사실을 보여줍니다.

반면, 등록된 펀드의 가치가 0으로 떨어지는 경우는 전례가 없습니다.

많은 투자자들, 특히 초보 투자자들은 개별 주식에 투자하여 '시장을 이기려고' 시도합니다. 잘 알려지지 않은 주식을 미리 사서 놀라운 수익을 올렸다는 이야기를 들으면, 그런 유혹이 이해되기도 합니다.

하지만 개별 주식 투자자들은 자신의 성공 사례에 대해 이야기하기를 좋아하지만, 실패 사례는 거의 이야기하지 않습니다.

1992년 한 연구에서 대니얼 카너먼Daniel Kahneman과 아모스 트버스키Amos Tversky는 사람들이 이익을 얻을 때보다 손실을 볼 때, 두 배 정도 더 큰 불쾌감을 느낀다고 말했습니다.

미디어는 시청률과 구독률을 높이기 위해 '전문가'들의 추천을 내세워 개별 주식을 사도록 투자자들을 부추깁니다. 그러나 그런 전문가들의 추천은 대부분 틀린 것으로 입증됩니다.

우리는 어제의 인기 주식(코닥, 엔론, GM, 웨스팅하우스 등을 떠올려 보십시오)이 승자에서 패자로 전락했으며, 그 결과로 대부분의 투자자들이 큰 손실을 입었다는 사실을 잊기 쉽습니다.

 **보글헤드의 목소리**

"저는 테일러의 쓰리펀드 포트폴리오를 실행에
옮긴 뒤, 수년째 유지하고 있습니다. 그 이유는
간단하고, 우아하며, 제가 이해할 수 있고,
무엇보다 밤에 마음 편히 잘 수 있기 때문입니다."

— FE

장점 6
중복 없음

'중복Overlap'은 두 개의 서로 다른 펀드나 ETF가 동일한 주식이나 채권을 포트폴리오에 포함하고 있을 때 발생합니다.

따라서 투자자가 동일한 주식이나 채권을 담고 있는 여러 개의 펀드나 ETF를 보유하고 있다면, 그 결과는 다각화의 감소로 이어집니다.

위험을 최소화하기 위해 투자자는 서로 다르게 움직이는 주식이나 채권을 보유한 펀드를 원합니다. 어떤 주식이나 채권의 가치가 하락하더라도, 포트폴리오 내의 다른 주식이나 채권이 상승하기를 바라는 것이죠.

두 펀드가 동일한 주식이나 채권을 보유하고 있다면(즉, 중복되었다면), 분산 효과는 줄어들고 위험은 증가하게 됩니다.

많은 회사의 퇴직연금 플랜은 '전체 주식시장 인덱스 펀드'를 제공하지 않습니다. 그 대신 'S&P 500 인덱스 펀드'를 제공합니다.

이것도 좋은 대안입니다. 두 펀드 모두 미국 내에서 가장 크고 성공적인 주식들을 보유하고 있으며, 장기적인 위험과 수익률도 유사하기 때문입니다.

또한, 많은 경우에 기업이나 교육기관, 또는 정부기관에서 'S&P 500 인덱스 펀드'와 '익스텐디드 마켓 인덱스 펀드 Extended Market Index Fund'를 함께 제공합니다.

이 두 펀드를 활용하면, 투자자는 '전체 주식시장 인덱스 펀드'와 유사한 펀드 구성을 만들 수 있습니다. 구체적으로는 'S&P 500 인덱스 펀드'를 80%, '익스텐디드 마켓 인덱스 펀드'를 20% 비율로 결합하면 됩니다.

두 펀드 간에는 중복이 발생하지 않습니다.

왜냐하면 존 보글이 '인스텐디드 마켓 인덱스 펀드'를 설계할 때, 'S&P 500 인덱스 펀드'와 개별 주식이 중복되지 않도록 특별히 고안했기 때문입니다.

포트폴리오에 펀드가 많아질수록, 펀드와 펀드, 그리고 주식과 주식 사이에 중복이 발생할 가능성도 높아집니다.

이 때문에 쓰리펀드 포트폴리오를 활용하면 펀드, 주식, 채권 간에 중복이 전혀 없다는 점을 기쁘게 생각하실 것입니다.

 **보글헤드의 목소리**

"쓰리펀드, 즉 전체 시장 인덱스 포트폴리오는 유지 관리가 매우 쉽고 합리적이어서, 이제는 다른 일에 훨씬 더 많은 시간을 쓸 수 있게 되었습니다. 예전에는 매수와 매도, 타이밍 같은 것들에 관심을 가졌는데, 놀랍게도 지금은 그런 것들에 전혀 흥미가 없습니다."

— FA

장점 7

섹터 리스크
없음

'시장 섹터 리스크Market sector risk'란 금융, 헬스케어, 부동산, 에너지, 유틸리티, 금, IT 등과 같은 개별 섹터 펀드에 투자할 때 겪게 되는 위험을 의미합니다.

이러한 섹터 리스크는 투자자가 선택한 섹터가 다른 섹터보다 성과가 저조할 수 있다는 데에서 발생합니다.

섹터 투자에서의 위험을 보여주는 좋은 예는 1990년대 후반 IT 섹터의 인기였습니다. 당시 기술주들은 대부분의 다른 섹터보다 훨씬 더 좋은 성과를 내기 시작했습니다. 그 결과, 많은 투자자들이 이른바 '잘나가는' 테크 펀드에 몰려들기 시작했습니다.

그러나 이들 투자자들에게는 불행히도, 기술주 중심의 나스닥 지수는 2000년에서 2002년의 약세장 기간 동안 77.9% 하락하였고, 그로 인해 많은 투자자들이 평생 모은 자산을 잃게 되었습니다.

섹터 리스크의 또 다른 예는 뱅가드의 '광업 및 귀금속 펀드Mining and Precious Metals Fund'입니다. 이 펀드의 원래 이름은 '뱅가드 골드 펀드Vanguard Gold Fund'로 뱅가드에서 가장 변동성이 큰 펀드였습니다.

1993년 뱅가드 골드 펀드는 93.4%의 수익률을 기록했는데, 이는 그해 뱅가드의 모든 펀드 중 최고의 수익률이었습니다. 이 소식에 투자자들이 몰려들며 펀드 자산은 폭발적으로 증가했습니다.

그러나 뱅가드 골드 펀드는 결국 '평균으로의 회귀' 현상을 겪기 시작했습니다. 이는 일반적으로 수익률이 높은 펀드들에게 흔히 나타나는 현상입니다.

2000년 12월까지, 뱅가드 골드 펀드는 뱅가드 전체 펀드 중에서 5년 및 10년 수익률이 가장 낮은 펀드가 되었습니다.

포트폴리오에 리스크가 높은 섹터 펀드를 추가할 이유는 없습니다. 투기 목적이나 업계 마케팅이 아니라면 말이죠.

뱅가드의 두 가지 전체 주식시장 펀드(미국 주식, 국제 주식)는 이미 시장 비중에 맞춰 각 섹터의 펀드를 포함하고 있으며, 위험과 비용, 그리고 복잡성 면에서도 훨씬 유리합니다.

보글헤드의 목소리

"이제 실험에 지쳤고, 이 쓰리펀드 포트폴리오에
정착하기로 했습니다. 주식 70%, 채권 30%,
국제 주식 15%"

- FI

장점 8
스타일 드리프트
없음

'스타일 드리프트Style drift'란 펀드나 ETF가 애초에 명시한 투자 스타일(집중 분야)에서 벗어나는 현상을 말합니다.

대부분의 투자자들은 분산 투자 효과를 위해 최소한 몇 가지 스타일의 펀드나 ETF를 조합하여 투자하길 원합니다. 이는 하나의 스타일이 부진할 때, 다른 스타일이 좋은 성과를 낼 수 있기 때문입니다.

주식형 펀드 ——

모닝스타는 주식형 펀드를 총 9개 스타일의 카테고리로 분류합니다. 주식형 펀드의 스타일은 대형 가치주(위험이 낮은 것으로 간주됨)부터 소형 성장주(위험이 높은 것으로 간주됨)까지 다양합니다.

하지만 펀드매니저가 펀드의 투자 스타일을 유지하는 것은 쉽지 않습니다. 예를 들어, 소형주는 시간이 지나면서 중형주로 성장할 수 있고, 중형주는 작아지거나 커질 수 있습니다. 또한, 가치주 펀드는 혼합형 펀드가 되거나, 심지어 성장주 펀드로 변할 수도 있습니다.

스타일 드리프트 리스크는 과세 계좌에서 세금 문제를 일으킬 수도 있습니다. 스타일 변경으로 인해 수익을 내는 펀드를 교체할 경우, 이익이 발생한 펀드를 매도하면서 자본이득세가 부과될 수 있기 때문입니다.

채권형 펀드 ——

모닝스타는 채권형 펀드 역시 9개 스타일의 카테고리로 분류합니다. 채권형 펀드의 스타일은 단기 고등급 채권(가장 위험이 낮음)부터 장기 저등급 채권(가장 위험이 높음)까지 다양합니다.

채권형 펀드도 주식형 펀드와 유사한 스타일 드리프트 문제를 겪습니다. 채권형 펀드의 포트폴리오는 시간이 지남에 따라 장기 채권은 중기 채권이 되고, 중기 채권은 단기 채권이 되며,

단기 채권은 만기를 맞이하게 됩니다.

이러한 현상은 대부분의 채권형 펀드에서 '매매 회전률'이 높은 주요한 이유가 됩니다.

결론 ——

쓰리펀드 포트폴리오는 미국 주식, 미국 채권, 국제 주식이라는 세 가지 주요 범주 안에서 모든 투자 스타일을 포함하고 있습니다.

이러한 이유로 쓰리펀드 포트폴리오를 비롯한 전체 시장 인덱스 펀드들은 스타일 드리프트 문제를 갖지 않습니다. 저와 여러분 입장에서는 걱정해야 할 변수가 하나 줄어드는 셈입니다.

 **보글헤드의 목소리**

"나이가 들수록, 언젠가 누군가가 대신 자산 관리를
도와야 할지도 모른다는 걱정을 하게 됩니다.
쓰리펀드 포트폴리오의 단순함은 그런 점에서
제게 큰 장점이 됩니다."

- FK

장점 9

낮은 추적 오차

'추적 오차Tracking error'란 펀드 수익률과 해당 펀드가 기준으로 삼는 벤치마크 지수와의 차이를 말합니다.

인덱스 펀드 펀드매니저들의 주요 목표는 해당 벤치마크 지수를 가능한 한 정확히 추적하는 것입니다.

뱅가드에 따르면 '전체 주식시장 인덱스 펀드VTSAX, ETF VTI'의 경우 펀드 설정 이후 평균 0.14%의 추적 오차를 기록했고, '전체 국제주식 인덱스 펀드VTIAX, ETF VXUS'와 '전체 채권시장 인덱스 펀드VBTLX, ETF BND'는 각각 0.29%의 추적 오차를 기록했다고 합니다. 이는 다른 액티브 펀드의 추적 오차와 비교할 때, 매우 낮은 추적 오차입니다.

뱅가드의 세 가지 전체 시장 인덱스 펀드는 분산 투자 및 운용이 효율적으로 이루어졌고, 변동성과 비용 역시 낮았기 때문에 가능한 성과입니다.

추적 오차가 작을 때는 눈에 잘 띄지 않을 수 있습니다. 그러나 추적 오차가 장기간에 걸쳐 벤치마크 지수를 하회하거나 크게 상회하는 경우, (두 가지 모두 액티브 펀드나 섹터 펀드에서 흔히 나타납니다) 펀드 투자자들은 더 좋은 성과를 내는 '핫한' 펀드로 옮기고 싶은 유혹을 받을 수 있습니다.

하지만 이것은 투자자들이 저지를 수 있는 최악의 실수 중 하나입니다.

보글헤드의 목소리

"쓰리펀드 솔루션으로 실패하기란 참 어려울 것 같습니다. 또한, 리밸런싱, 포트폴리오 추적, 세금 관리 측면에서도 삶이 훨씬 단순해질 수 있다는 것을 배웠습니다. 몇 년 전, 저를 쓰리펀드 포트폴리오로 이끌어 주셔서 감사합니다. 테일러."

- FR

장점 10

평균 이상의
수익률

"전체 시장을 추종하는 펀드는 결코 시장을 이길 수
없습니다. 하지만 당신은 대부분의 적극적 투자자
보다 훨씬 더 좋은 성과를 내게 될 것입니다."

- 조너선 클레멘츠

〈월스트리트 저널〉 칼럼니스트

금융투자서 6권을 집필한 베스트셀러 작가

대부분의 일반 투자자와 전문 투자자보다 더 많은 수익을 올릴
수밖에 없는 쓰리펀드 포트폴리오를 소유하고 싶으신가요? 가
능합니다.

《보글헤드 쓰리펀드 포트폴리오》에서 소개하는 각 펀드들

은 충분히 그런 성과를 내도록 보장합니다.

믿기 어려우시다고? 그렇게 느끼시는 것이 오히려 좋은 투자자라는 증거입니다.

인덱스 펀드가 액티브 펀드보다 더 나은 성과를 낸다는 점을 보여주는 학술 연구들이 많이 있습니다. 다음은 그 사례들 중 일부입니다.

S&P 다우존스 SPIVA 보고서 ——

2002년, S&P 다우존스 인디시즈S&P Dow Jones Indices는 처음으로 SPIVA(인덱스 펀드 대비 액티브 펀드 성과 비교) 보고서를 발표했습니다. 이 보고서는 인덱스 펀드와 액티브 펀드를 비교하는 데 있어 가장 신뢰할 수 있는 자료로 평가받고 있습니다.

다음은 2017년 말, SPIVA 보고서에 수록된 주요 내용입니다.

"2017년 12월 말까지의 15년 동안, 대형주 펀드의 83.7%, 중형주 펀드의 95.4%, 소형주 펀드의 93.21%가 자신들의 벤치마크 지수를 따라가지 못했다."

"모든 기간을 통틀어, 대부분의 국제 주식 카테고리 펀드매니저는 각자의 벤치마크 지수를 하회하는 성과를 냈다."

"펀드가 사라지는 비율도 상당히 높다. 15년 동안 미국 주식형 펀드의 58% 이상이 합병되거나 청산되었으며, 글로벌/국제 주식형 펀드도 약 52%, 채권형 펀드도 약 49%가 사라졌다. 이는 펀드를 분석할 때, 반드시 생존 편향survivorship bias을 고려해야 함을 보여준다." (일반적으로 성과가 좋지 않은 펀드들이 합병되거나 청산됩니다)

전미 대학 경영자 협회(NACUBO) 발표 ──

대학들은 보통 기금 운용을 위해 가장 우수하고 고비용의 포트폴리오 매니저들을 고용하여 투자 자문을 받을 수 있는 재정적 여유가 있습니다. 그렇다면 그들의 성과는 어땠을까요?

2017년 1월에 발표된 보도자료에 따르면, NACUBO가 수집한 자료에서 다음과 같은 결과가 나타났습니다.

"보고된 대학들의 기금은 2016 회계연도(2015년 7월 1일~2016년 6월 30일)에 평균 -1.9%의 수익률을 기록했다."

"이로 인해 최근 10년간 연평균 수익률도 5.0%로 낮아졌으며, 이는 대부분의 대학이 기금의 구매력을 유지하기 위해 필요하다고 밝힌 중간값 7.4%에 한참 못 미치는 수치이다." (기금을 유지하기 위해서는 지출, 물가 상승, 운용 비용 등을 고려한 일정 수준의 수익률이 필요합니다)

한편, 같은 기간 동안 러셀 3000 전체 시장 지수는 7.4%의 수익률을 기록했습니다.

앨런 로스 연구 ——

앨런 로스는 공인회계사[CPA], 공인재무설계사[CFP]로 수수료만을 받는 투자 자문가입니다. 그는 〈AARP 매거진〉에 매달 투자 칼럼을 기고하고 있으며, 《초등학교 2학년이 월스트리트를 이기는 방법》의 저자이기도 합니다. 이 책은 쓰리펀드 포트폴리오를 바탕으로 쓰인 훌륭한 책입니다.

이 책을 집필하며 앨런 로스는 하나의 흥미로운 실험을 진행했습니다. 인덱스 펀드의 총비용 비율이 0.23%, 액티브 펀드의 총비용 비율이 2.0%일 경우, 액티브 펀드로만 구성된 포트폴리오가 인덱스 펀드로만 구성된 포트폴리오를 이길 확률이 얼마나 되는지를 분석한 것입니다.

그 결과는 다음 표와 같습니다. 액티브 펀드 하나로 구성된 포트폴리오는 1년 동안 인덱스 펀드를 이길 확률이 42%였지만, 운용 기간이 길어지고 펀드 수가 늘어날수록 그 확률은 점점 낮아졌습니다.

결국, 액티브 펀드 10개를 25년간 보유할 경우 인덱스 펀드를 이길 확률은 고작 1%에 불과했습니다.

	1년	5년	10년	15년
액티브 펀드 1개	42%	30%	23%	12%
액티브 펀드 5개	32%	18%	11%	3%
액티브 펀드 10개	25%	9%	6%	1%

릭 페리 연구 ———

릭 페리는 공인재무분석사[CFA] 자격을 보유한 은퇴한 투자 자문가로 6권의 훌륭한 금융투자서를 집필한 저자이기도 합니다. 3장에서 설명한 바와 같이 릭 페리는 액티브 펀드로 구성된 5,000개의 무작위 포트폴리오를 분석하고, 이를 쓰리펀드 포트폴리오와 비교하는 연구를 수행했습니다.

그의 연구 결론은 매우 명확했습니다.

"액티브 펀드에 충실한 투자자는 평생 동안 인덱스 펀드 포
트폴리오보다 낮은 수익을 낼 확률이 99%에 달합니다."

윌리엄 샤프 논문 ──

노벨 경제학상 수상자 윌리엄 샤프 교수는 1991년 〈파이낸셜
애널리스트 저널〉에 '액티브 주식운용의 산술'이라는 논문을 발
표하며 다음과 같은 결론을 내렸습니다.

"정확하게 측정하면, 적극적으로 운용되는 자금은 소극적
으로 운용되는 자금보다 (비용 차이를 감안하면) 평균적으로 반
드시 낮은 수익을 거둘 수밖에 없다. 이 원칙을 반박하는 것으로
보이는 실증 분석은 대체 측정 방법이 부정확한 경우다."

노벨 경제학상 수상자 폴 새뮤얼슨의 말 ──

1974년 〈포트폴리오 매니지먼트 저널〉 창간호의 표지 기사인
'판단에 대한 도전Challenge to Judgment'에서 미국인 최초의 노벨
경제학상 수상자 폴 새뮤얼슨은 다음과 같이 이야기했습니다.

"통계적으로 볼 때, 광범위한 주식시장을 추종하는 인덱스 펀드는 대부분의 액티브 운용 주식형 포트폴리오보다 우수한 성과를 냅니다."

2018년 1월 12일, 폴 패럴의 '게으른 포트폴리오' 칼럼은 전문가들이 설계한 8개의 포트폴리오에 대한 1년, 3년, 5년, 10년간의 총수익률을 비교하여 소개했습니다.

그 결과, '초등학교 2학년 포트폴리오', 즉 이 책에서 소개하는 쓰리펀드 포트폴리오로 구성된 포트폴리오가 다른 모든 포트폴리오를 제치고 가장 높은 수익률을 기록했습니다.

이는 쓰리펀드 포트폴리오가 실제 시장에서도 다양한 기간에 걸쳐 우수한 성과를 낸다는 또 하나의 증거입니다.

금융 업계는 인덱스 펀드가 액티브 펀드보다 더 높은 수익을 올린다는 사실을 우리에게 알리고 싶어 하지 않습니다. 왜냐하면 이들은 고비용의 액티브 펀드를 판매하면서 수익을 내기 때문입니다.

일례로 한 대형 증권사는 인덱스 투자에 대해 "자본 배분 시스템으로 보았을 때, 마르크스주의보다 더 나쁘다"라고 비판하기도 했습니다. 이는 인덱스 투자에 위협을 느낀 업계의 방어기제라 할 수 있습니다.

그럼에도 불구하고 흐름은 바뀌고 있습니다. 2016년 말 기준, 인덱스 펀드(ETF 포함)는 전체 주식형 펀드의 24.9%를 차지했고, 인덱스 투자의 높은 수익률이 알려지면서 그 비율은 빠르게 증가하고 있습니다.

투자자로서 여러분에게는 선택권이 있습니다.

카지노에서 승부를 걸어보겠다고 도전하는 도박꾼이 될 수도 있고, 전체 시장 인덱스 펀드에 투자함으로써 '카지노 자체'가 될 수도 있습니다.

확률을 이해하게 된다면, 그 선택은 매우 쉬워질 것입니다.

"광범위한 주식 및 채권 지수를 믿고,

적절한 자산 배분을 통해 그 계획을 꾸준히

지켜나간다면 투자는 정말 단순해질 수 있습니다."

- FO

당신은 시장을 이길 수 없습니다

조너선 클레멘츠는 금융 업계에서 가장 해박한 지식을 지닌 칼럼니스트 중 한 명입니다. 그는 〈월스트리트 저널〉에서 거의 20년 동안 근무하며 개인 투자에 관한 1,000편이 넘는 칼럼을 썼고, 이후 씨티그룹의 금융교육 담당 디렉터로 자리를 옮겼습니다. 클레멘츠는 6권의 금융투자서를 집필했으며, 현재는 '더 험블 달러The Humble Dollar'라는 일반인을 위한 투자 뉴스레터를 발행하고 있습니다.

그가 발행한 2018년 3월호 뉴스레터의 첫 문장은 이렇게 시작합니다.

"시장 수익률을 뛰어넘으려는 시도는 거의 확실하게 실패로 끝나는 위험한 행동일 뿐만 아니라, 냉정히 말해 시간과 돈의 놀라운 낭비이기도 합니다."

장점 11
간편한 투자금 입출금

여러 개의 펀드로 구성된 포트폴리오를 보유한 투자자들이 흔히 겪는 문제 중 하나는, 매번 투자금을 추가하거나 인출할 때마다 원하는 자산 배분 비율을 유지하기 위해 모든 펀드에 걸쳐 비율을 맞춰야 한다는 점입니다.

하지만 두 개의 주식형 펀드와 하나의 채권형 펀드로 구성된 쓰리펀드 포트폴리오는 이런 과정을 훨씬 더 간편하고 효율적으로 수행할 수 있게 해줍니다.

예를 들어, 보유한 펀드 수가 많은 포트폴리오를 가진 투자자의 경우를 생각해봅시다.

이런 포트폴리오에는 보통 일부 액티브 펀드와 혼합형 펀드(주식과 채권이 혼합된 펀드)가 포함되어 있는 경우가 많습니다. 이 경우, 서로 다른 펀드 간에 주식과 채권이 중복되기 때문에, 투자자는 투자금을 추가하거나 인출하기 전에 각 펀드의 현재 구성 비율을 꼼꼼히 확인하고, 전체 포트폴리오의 자산 배분 현황을 정확하게 파악해야 합니다.

하지만 쓰리펀드 포트폴리오는 주식과 채권이 명확하게 분리되어 있기 때문에, 추가 투자나 인출 시에 이 과정을 훨씬 단순하게 만들 수 있습니다.

 **보글헤드의 목소리**

"전체 시장 인덱스 펀드를 보유하는 것으로, 자산을 축적하는 전략이나 인출 전략을 세우는 과정이 크게 단순화됩니다."

- JO

장점 12
일관성이 주는 힘

투자자들은 성과가 들쭉날쭉하거나, 펀드매니저가 자주 바뀌고 투자 스타일이 변하거나, 시장을 이기겠다는 욕심으로 불필요한 위험을 감수하는 펀드보다 일관된 운용 전략을 보여주는 펀드나 ETF를 더 높이 평가합니다.

대표적인 예가 뱅가드 '전체 주식시장 인덱스 펀드VTSAX, ETF VTI'입니다.

이 펀드는 다른 주식형 펀드들과 비교했을 때 탁월한 일관성을 보여주는 것으로 잘 알려져 있습니다. 이 글을 쓰는 시점까지 뱅가드 '전체 주식시장 인덱스 펀드'는 2001년 설정 이후 매년 모닝스타 카테고리 평균 수익률을 앞질렀습니다. 이처럼 지속적으로 일관된 성과를 보이는 펀드는 극히 드뭅니다.

전체 시장 인덱스 펀드의 가장 큰 장점 중 하나는, 시장 수익률을 놓치는 것에 대해 걱정할 필요가 없다는 점입니다. 왜냐하면 여러분은 이미 시장 자체를 보유하고 있기 때문입니다.

한편, 2007년에는 '뱅가드 에너지 펀드VGELX'가 매우 뛰어난 성과를 기록했었습니다. 해당 연도에 '뱅가드 에너지 펀드'는 34.81%의 수익을 기록한 반면, 뱅가드 '전체 주식시장 인덱스 펀드'는 5.57%의 수익에 그쳤습니다.

당연히 많은 투자자들이 더 큰 수익을 기대하며 에너지 펀드로 몰려들었지만, 그 후 10년 동안의 결과는 다음과 같았습니다.

VTSAX vs. VGELX, 연간 수익률 비교

연도	VTSAX	VGELX
2008	-36.99	-39.34
2009	28.83	24.85
2010	17.36	21.10
2011	1.08	2.79
2012	16.38	3.49
2013	33.52	25.78
2014	12.56	9.88

2015	0.39	-28.22
2016	12.66	28.94
2017	21.17	-2.39
10년 평균	9.71	1.89

 **보글헤드의 목소리**

"저와 제 아내는 현재 쓰리펀드 포트폴리오로만
은퇴 자금을 운용하고 있습니다."

- MP

낮은 포트폴리오 회전율

'회전율Turnover'이란 펀드가 보유한 자산 중 일부가 얼마나 자주 교체되는지를 나타내는 비율을 말합니다.

예를 들어, 어떤 펀드가 100개의 주식에 투자하고 있는데, 그중 50개를 1년 안에 매도하고 다른 종목으로 바꿨다면, 이 펀드의 회전율은 50%가 됩니다.

모든 펀드와 ETF는 일정한 회전율을 가지고 있습니다.

다음은 쓰리펀드 포트폴리오를 구성하는 뱅가드 펀드들의 최근 회전율과 같은 카테고리에 속한 전체 펀드들의 평균 회전율을 비교한 표입니다.

펀드	회전율	카테고리 평균
전체 주식시장 인덱스 펀드	4%	59%
전체 국제주식 인덱스 펀드	3%	60%
전체 채권시장 인덱스 펀드	61%	232%

출처: 뱅가드

존 보글은 일반적인 기준으로, 펀드의 회전율이 1% 정도의 숨은 비용을 발생시킨다고 설명합니다.

이 회전율 비용은 투자자에게는 잘 보이지 않지만, 실제로 매매 수수료, 매도·매수 스프레드, 시장 충격 비용, 그리고 관리 비용 등을 포함합니다. 하지만 이 비용은 회전으로 인해 발생한 자본이득을 분배하면서 생겨난 세금 부담까지 포함한 금액이 아닙니다.

따라서 결과적으로 회전율로 인한 실제 비용은 펀드가 공식적으로 공개하는 총비용 비율(운영 보수와 기타 운영비 포함)보다 더 클 수 있습니다.

모닝스타는 2016년 12월 말 기준, 지난 10년간 미국의 분산형 주식 펀드들의 평균 수익률이 연 5.15%였다고 보고했습니다.

하지만 펀드에 투자한 실제 투자자들의 수익률은 연평균 4.30%에 불과했습니다. 이 차이는 대부분 높은 회전율과 시장 타이밍 실패 때문이며, 결국 우리 모두에게 손해를 끼칩니다.

따라서 이러한 손해를 줄이기 위해 최선을 다해야 합니다

그런 점에서 전체 시장 인덱스 펀드는 주식과 채권 모두에서 가장 낮은 회전율을 자랑합니다. 이는 곧 쓰리펀드 포트폴리오 투자자들이 매우 낮은 회전율 비용을 부담하게 된다는 뜻이며, 그만큼 수익률은 더 높아지고, 우리 모두에게 더 큰 이익으로 돌아옵니다.

보글헤드의 목소리

"여러 해 동안 이것저것 바꿔가며 고민했지만, 이제야 진정한 쓰리펀드 포트폴리오를 완성했습니다. 이것은 모두 당신이 영감을 주었기 때문입니다."

- RW

장점 14
낮은 비용

우리 대부분은 살아오면서 값싼 상품이나 서비스는 대체로 비싼 것보다 품질이 떨어진다는 사실을 경험해봤습니다. 좀 더 비용을 지불하면 더 나은 집, 더 좋은 차, 더 편한 항공 좌석, 더 훌륭한 서비스를 얻을 수 있는 경우가 많죠.

따라서 많은 투자자들이 비싼 펀드나 고가의 재정 자문, 고위험 고수익의 투자가 더 좋은 결과를 낳을 것이라고 믿는 경향이 있습니다.

하지만 실제로는 그 정반대인 경우가 훨씬 많습니다.

전체 시장 인덱스 펀드로 구성된 단순한 쓰리펀드 포트폴리오에 투자하면, 비싼 펀드나 고비용의 자문 서비스, 복잡한 투자

상품을 고를 필요가 사라지게 됩니다.

그 결과, 투자하는 과정에 들어가는 불필요한 비용은 줄고, 여러분의 주머니에 남는 돈은 더 많아지게 됩니다.

펀드 비용은 최종 수익률에 결정적인 영향을 미치는 요소입니다.

저희가 쓴 《보글헤드 투자 가이드》에서는 파이낸셜 리서치 Financial Research Corporation가 실시한 다음과 같은 연구 결과를 소개한 바 있습니다. 이 연구의 목적은 어떤 요소들이 펀드 수익률을 예측하는 데 실제로 효과가 있는지를 분석하는 것이었습니다.

- 모닝스타 별 등급

- 과거 수익률

- 회전율

- 총비용 비율

- 펀드매니저 재직 기간

- 순자금 유입

- 자산 규모

· 알파(초과 수익률)

· 베타(변동성 민감도)

· 표준편차

· 샤프 비율

그리고 연구진의 결론은 아주 명확했습니다.

"총비용 비율이야말로 미래의 펀드 성과를 예측할 수 있는 유일하고 신뢰할 만한 지표다."

신뢰도 높은 펀드 데이터로 유명한 모닝스타 역시 비슷한 연구를 진행했고, 같은 결론을 내렸습니다.

"펀드에 관한 모든 데이터 중에서 가장 믿을 수 있는 것은 '총비용 비율'이다. 모든 기간과 모든 조건을 살펴보았을 때, 비용이 낮은 펀드가 비용이 높은 펀드보다 더 좋은 성과를 냈다."

2014년, 존 보글은 CFA 협회를 위해 세금 공제 전 기준으로 펀드의 총비용에 관한 연구를 진행했습니다. 그리고 다음은 그 연구에서 나온 주요 결과입니다.

퇴직연금 투자자를 위한 전체 투자 비용 비교

	액티브 펀드	인덱스 펀드
총비용 비율	1.12%	0.06%
거래 비용	0.50%	0.00%
현금 보유로 인한 수익 손실	0.15%	0.00%
판매 수수료 및 기타 비용	0.50%	0.00%
총비용	2.27%	0.06%

존 보글은 이 표에서 인덱스 펀드의 장점을 과소평가했습니다. 그 이유는 세금 비용이 포함되지 않았기 때문입니다.

그는 과거 이렇게 말한 바 있습니다.

"세금으로 인해, 시장 전체에 투자하는 포트폴리오에 비해 액티브 펀드 투자자들은 연간 평균 1.5% 정도의 추가 비용을 부담해 왔다."

전체 시장 인덱스 펀드도 비용이 아예 없는 것은 아닙니다. 하지만 액티브 펀드와 비교하면 그 비용은 매우 낮습니다.

그 핵심적인 이유 중 하나는, 전체 시장 인덱스 펀드의 회전율이 매우 낮기 때문입니다.

일반적인 펀드와 ETF는 특정 종목이 성장하거나 축소되어 카테고리를 옮기면, 이에 맞춰 주식을 매매해야 합니다. 이런 회전은 자본이득을 발생시키고, 그 세금 부담은 결국 투자자에게 돌아갑니다.

반면, 전체 시장 인덱스 펀드는 시장 전체를 보유하기 때문에 종목 교체가 거의 필요 없습니다. 그래서 회전율도 낮고, 불필요한 세금 부담도 거의 없습니다.

따라서 쓰리펀드 포트폴리오에 포함된 세 개의 인덱스 펀드는 모두 극도로 낮은 비용 구조를 자랑합니다.

펀드	총비용 비율	2016년 업계 평균
전체 주식시장 인덱스 펀드(VTSAX)	0.04%	0.48%
전체 주식시장 ETF(VTI)	0.04%	NA
전체 국제주식 인덱스 펀드(VTIAX)	0.11%	0.70%
전체 국제시장 ETF(VXUS)	0.11%	NA
전체 채권시장 인덱스 펀드(VBTLX)	0.15%	0.48%
전체 채권시장 ETF(BND)	0.05%	NA

출처: 뱅가드, 모닝스타

비용이 수익에 얼마나 큰 영향을 미치는지 감을 잡기 위해, 다음 예시를 한 번 생각해보시기 바랍니다.

앞으로 30년 동안 주식시장이 연평균 6%의 수익을 낸다고 가정했을 때, 연간 수수료가 1%인 상품에 25,000달러를 투

자한 사람은 수수료로 인해 35,000달러 이상의 이익을 놓치게
됩니다.

이는 애초에 투자한 금액보다 더 큰 손실입니다!

존 보글과 마찬가지로, 저 역시 투자자들이 힘들게 모은 돈
과 그 수익은 온전히 투자자 본인의 몫이 되어야 한다고 믿습
니다.

"당신이 지불하지 않은 비용만큼, 수익은 온전히 당신
　의 몫이 됩니다."

- 존 보글
《모든 주식을 소유하라》에서

보글헤드의 목소리

"쓰리펀드 포트폴리오는 단순하다는 점, 비용과 세금
이 적게 든다는 점, 그리고 잘 분산되어 있다는 점에서
정말 인상적입니다."

- SG

최대한의 분산 투자
(더 낮은 리스크)

투자에 있어 모든 전문가들이 공통적으로 동의하는 한 가지가 있다면, 그것은 바로 분산 투자의 이점입니다.

이 개념은 종종 '투자의 세계에서 유일하게 얻을 수 있는 공짜 점심'이라고도 불립니다.

분산 투자의 가장 큰 장점은 투자자가 모든 자산을 부진한 하나의 펀드에만 몰아넣지 않게 된다는 점입니다. 따라서 목표를 달성할 가능성이 훨씬 더 높아집니다.

쓰리펀드 포트폴리오는 전 세계적으로 15,000개가 넘는 종목에 투자하고 있어, 사실상 최고 수준의 분산이 이루어져 있다고 볼 수 있습니다.

월스트리트는 이보다 더 복잡하고 비싼 포트폴리오를 권할지도 모르지만, 분산 측면에서 이보다 뛰어날 가능성은 거의 없습니다.

말 그대로, 전 세계 시장 전체가 여러분의 투자 기회가 되는 셈입니다.

모닝스타에 따르면, S&P 500과 윌셔 5000 지수에 포함된 주식들이 지닌 리스크 수준은 평균적인 주식형 액티브 펀드보다 약 25% 낮습니다.

2008년 리먼 브라더스의 파산은 분산 투자의 필요성을 잘 보여주는 사례입니다.

리먼 브라더스는 1850년 설립되어 2000년에는 미국에서 네 번째로 큰 투자은행이었습니다. 하지만 2008년 약세장 기간에 리먼 브라더스는 결국 파산했으며, 이로 인해 수천 명의 직원들과 리먼 브라더스 주식을 보유하고 있던 개인 투자자들은 은퇴 자금과 평생 저축해 온 자산의 전부 혹은 상당 부분을 잃게 되었습니다.

반면, 뱅가드 '전체 주식시장 인덱스 펀드VTSAX, ETF VTI'에 투자한 사람들 역시 리먼 브라더스 주식을 간접적으로 보유하고 있었지만, 그 펀드는 수천 개의 종목에 분산되어 있었기 때문에 리먼 사태의 영향은 거의 없었습니다.

이것이 바로 전체 시장 인덱스 펀드의 또 다른 장점입니다.

모든 주식과 채권이 하나의 펀드 안에 포괄되어 있기 때문에, 개별 종목의 급락이나 기업 파산으로 인해 투자자가 불안에 휩싸이거나 시장 저점에서 성급하게 매도하는 실수를 범하는 일을 피할 수 있습니다.

낮은 리스크와 함께 분산 투자는 쓰리펀드 포트폴리오의 가장 큰 특징이며, 이는 우리 스스로의 감정, 특히 두려움에 의해 쉽게 도망치려는 뇌의 반응으로부터 자신의 자산을 지키는 데 큰 도움이 됩니다.

"저는 쓰리펀드 포트폴리오의 지지자입니다.
우리 모두는 투자에 있어 단순함이 최고의
선택이라는 존 보글의 생각에 전적으로 동의합니다."

- RB

포트폴리오 효율성
(최적의 위험 대비 수익률)

전체 시장 인덱스 펀드는 매우 높은 효율성을 가지고 있습니다.

그 이유는 동일한 수준의 위험을 감수하면서도 가장 높은 수익률을 제공하는 투자 수단이기 때문입니다.

이처럼 중요한 이점임에도 불구하고, 대부분의 투자자들은 이에 대해 잘 알지 못하며, 언론에서도 거의 다뤄지지 않습니다.

'포트폴리오 효율성'은 고등 수학의 영역으로 들어가기 때문에, 이 부분은 노스웨스턴 대학교의 은퇴한 수학자 존 노스타드John Norstad의 설명을 인용하겠습니다.

"많은 사람들은 왜 시가총액 가중 방식의 '미국 전체 주식시장’이 금융경제학에서 중심적인 역할을 하는지를 잘 이해하지 못합니다.

그들은 ‘미국 전체 주식시장’이 단지 수많은 미국 주식 포트폴리오 중 하나일 뿐이며, 다른 포트폴리오보다 특별히 뛰어날 이유는 없다고 생각합니다. 그래서 종종, 더 높은 기대 수익을 제공하면서도 위험은 더 낮다고 주장하는 대안 포트폴리오를 제시합니다.

기술적인 용어로 표현하자면, 그런 대안들은 ‘미국 전체 주식시장’보다 ‘더 효율적’이라고 주장하는 셈입니다.

이에 대해 우리는 서로 다른 세 가지 가정을 바탕으로 ‘미국 전체 주식시장’이 더 효율적이며, 그 어떤 미국 주식 포트폴리오도 ‘미국 전체 주식시장’보다 더 효율적일 수 없다는 세 가지 증명을 제시합니다.

즉, ‘미국 전체 주식시장’보다 더 낮은 위험과 더 높은 기대 수익률을 동시에 제공할 수 있는 포트폴리오는 존재하지 않습니다.”

미래를 예측할 수 있는 사람은 아무도 없지만, 쓰리펀드 포

트폴리오 투자자들은 자신이 매우 '효율적인 포트폴리오'를 보

유하고 있다는 사실만으로도 큰 안심이 될 것입니다.

 **보글헤드의 목소리**

"저는 테일러의 쓰리펀드 포트폴리오, 즉 전체
주식시장, 전체 국제주식, 전체 채권시장 인덱스
펀드의 열렬한 지지자입니다. 사실 이 세 가지면
충분하고, 꿩장히 단순하죠. 자산 배분을 유지하려면
1년에 한 번만 리밸런싱 하면 됩니다.
그걸로 끝입니다."

- SI

낮은 유지보수
비용

좋은 자동차가 오랜 시간 잘 굴러가기 위해 정기 점검이 필요한 것처럼, 모든 포트폴리오 역시 일정한 관리가 필요합니다.

예를 들어, 다음과 같은 작업들이 해당됩니다.

- 펀드 간 리밸런싱이 필요하고

- 투자금의 추가나 인출이 생기며

- 새로운 펀드 상품이 출시되면 검토해야 하고

- 일부 펀드는 합병되거나 청산되기도 하며

- 자산 배분 비율을 조정할 필요가 생기고

- 소득, 지출 및 순자산의 변화에 따라 전략을 조정해야 하며

- 세법이 바뀌거나 본인의 세율이 달라지면, 이에 맞춰 조정이 필요하고

• 수익자(상속 대상자)를 변경해야 하는 경우도 생깁니다.

이러한 요소들을 관리하려면 지식, 시간, 그리고 꾸준한 관심이 필요합니다.

그리고 한 가지 중요한 사실은 포트폴리오에 포함된 펀드 수가 많아질수록 관리해야 할 요소들도 늘어나고, 실수할 가능성도 함께 커진다는 점입니다.

쓰리펀드 포트폴리오는 단 세 개의 전체 시장 인덱스 펀드만으로 구성되어 있어, 관리할 것이 거의 없습니다.

이 말은 곧 투자에 대한 걱정이 줄어들고, 그만큼 가족이나 친구들과 더 많은 시간을 보내거나 자신이 좋아하는 일에 더 집중할 수 있다는 뜻입니다.

저는 확신합니다. 이처럼 단순한 포트폴리오를 운영하면서 별도로 손볼 일도, 고칠 일도 없다는 사실이 점점 더 감사하게 느껴질 것입니다.

보글헤드의 목소리

"쓰리펀드 포트폴리오는 저희 가족에게 정말 잘
맞았습니다. 앞으로도 수십 년 동안 계속 이 방식으로
가고 싶습니다."

- TY

리밸런싱이
쉬움

'리밸런싱Rebalancing'이란 포트폴리오 내의 자산 배분 비율을 원하는 수준으로 유지하기 위해 펀드 간 자산을 교체하는 작업을 말합니다.

경험이 풍부한 투자자라면 누구나 잘 알고 있습니다. 포트폴리오의 기대 수익률과 기대 위험을 결정짓는 가장 핵심적인 요소는 바로 주식과 채권의 비율이라는 사실을요.

그래서 주식과 채권 간의 자산 배분 비율을 꾸준히 유지하는 것이 매우 중요합니다.

(자산 배분에 대해서는 5장에서 더 자세히 다룰 예정입니다)

주식형 펀드와 채권형 펀드에 포함된 자산의 가치는 시장 상황에 따라 끊임없이 변동합니다. 작은 변화는 크게 문제가 되지 않지만, 시간이 지나면서 특히 주식형 펀드의 가치는 크게 달라질 수 있습니다.

이럴 경우, 리밸런싱이 필요하게 됩니다.

다만, 과세 계좌에서는 리밸런싱 과정에서 자본이득세가 발생할 수 있습니다. 따라서 리밸런싱은 단순하면서도 세금 영향을 함께 고려해야 하는 전략적 작업입니다.

또 다른 형태의 리밸런싱으로 쓰리펀드 포트폴리오에 속한 각 펀드는 거의 매일 자체적으로 리밸런싱을 수행합니다.

이는 펀드가 추종하는 벤치마크 지수에 맞춰 자산 구성을 자동으로 조정하는 방식입니다. 물론 이러한 과정에서 펀드매니저들은 주식을 사고팔기는 하지만, 이 내부 리밸런싱으로 인해 발생하는 자본이득 분배는 거의 발생하지 않습니다.

즉, 투자자에게 세금 부담이 전가되는 일이 발생하지 않는 것입니다.

세 개의 전체 시장 인덱스 펀드로 구성된 쓰리펀드 포트폴리오 역시, 원하는 자산 배분 비율을 유지하기 위해 투자자가 직접 리밸런싱을 해줄 필요는 있습니다.

하지만 이 작업은 비교적 간단하며, 자본이득세 부담도 훨씬 적게 발생하는 경우가 많습니다.

 **보글헤드의 목소리**

"쓰리펀드 포트폴리오요? 전 정말 열렬한 팬입니다.
단순하게 가는 게 최고예요!!"

- OH

장점 19

높은
세금 효율성

현명한 투자자라면 누구나 세금을 최대한 줄이고 싶어 합니다.

그런 점에서 인덱스 펀드, 특히 전체 시장 인덱스 펀드는 과세 계좌에서 투자할 경우 가장 세금 효율적인 상품 중 하나입니다. (단, 세금 우대 계좌인 연금저축, 퇴직연금 등에서는 세금 효율성은 큰 고려 대상이 아닙니다)

세금 효율성을 판단하는 기준 중 하나가 바로 '세금 비용 비율Tax cost ratio'입니다.

이 수치는 펀드의 연간 수익률 중에서 세금으로 인해 얼마나 손실이 발생했는지를 보여주는 지표입니다.

예를 들어, 어떤 펀드의 세금 비용 비율이 2%라면, 그 펀드에 투자한 사람들이 매년 세금으로 자산의 2%를 잃고 있다는 의미입니다.

모닝스타가 2018년 1월 12일 발표한 자료에 따르면, 일반적인 주식형 펀드의 평균 세금 비용 비율은 대략 1%에서 1.2% 사이입니다.

반면, 이 글을 작성하는 시점 기준으로 뱅가드 '전체 주식시장 인덱스 펀드VTSAX, ETF VTI'는 세금 비용 비율이 0.40%로 일반적인 주식형 펀드의 절반 이하 수준입니다.

'전체 주식시장 인덱스 펀드'가 이처럼 높은 세금 효율성을 갖는 데는 몇 가지 중요한 이유가 있습니다.

낮은 회전율

인덱스 펀드 펀드매니저는 주식을 자주 교체할 필요가 없기 때문에 세금 발생의 요인이 되는 매매가 거의 없습니다.

반면, 액티브 펀드는 자산 교체가 잦아 자본이득세가 자주 발생하며, 그 세금은 결국 투자자에게 분배됩니다.

예를 들어, 뱅가드의 '전체 주식시장 인덱스 펀드'와 '전체 국제주식 인덱스 펀드_{VTIAX, ETF VXUS}’는 2000년 이후 과세 대상 자본이득을 한 번도 분배하지 않았습니다.

개별 투자자의 낮은 매매 빈도 ——

‘전체 주식시장 인덱스 펀드’는 이미 거의 모든 상장 종목을 포함하고 있기 때문에, 투자자가 이를 사고팔 필요가 없습니다.

이는 개인적으로 발생할 수 있는 세금 부담을 줄이는 데 큰 도움이 됩니다.

마찬가지로 ‘전체 채권시장 인덱스 펀드_{VBTLX, ETF BND}’ 역시 이미 폭넓게 분산되어 있으므로, 자산 배분 목적 외에는 굳이 매도할 이유가 없습니다.

더 낮은 세율 적용 자격 ——

뱅가드의 ‘전체 주식시장 인덱스 펀드’와 ‘전체 국제주식 인덱스 펀드’는 미국 연방 세법상 적격배당금_{QDI, Qualified Dividend Income}으로 분류되어 일반 배당소득보다 더 낮은 세율을 적용받을 수 있습니다.

예를 들어, 2017년 기준으로 ‘전체 주식시장 인덱스 펀드’의 분배금 중 92%가, 그리고 ‘전체 국제주식 인덱스 펀드’의 분배금 중 71%가 QDI 요건을 충족했습니다. 이는 이들 인덱스 펀드를 추종하는 ETF의 분배금 역시 마찬가지입니다.

반면, 채권 이자는 QDI의 대상이 아니기 때문에, 과세 대상 계좌보다 세금 혜택이 있는 계좌에 넣는 것이 더 유리합니다.

투자자라면 항상 잊지 말아야 할 점은 이것입니다.

"중요한 것은 항상 '세후 수익률'입니다."

보글헤드의 목소리

"저는 다시 한번 쓰리펀드 포트폴리오에 지지를
표명합니다. 그리고 수년 전 우리를 도와주신
테일러에게 감사의 말씀을 전하고 싶고요. 우리가
세금과 비용 면에서 절약한 금액만 해도,
아마 1년 생활비의 절반 이상을 감당하고 남을 것
같습니다."

- HU

장점 20

단순함
(투자자, 보호자, 상속인을 위한 혜택)

존 보글을 이렇게 자주 말하곤 했습니다.

"단순함은 재정적 성공을 여는 만능 열쇠이다."

그의 이 말은, 투자가 복잡하다고 믿게 만들어 값비싼 상품과 서비스를 팔려는 금융 업계의 메시지와 전혀 다른 울림을 줍니다.

사실, 투자가 복잡하다는 것은 전혀 사실이 아닙니다.

《커피하우스 투자자The Coffeehouse Investor》의 저자이자 투자 자문가인 빌 슐타이스Bill Schultheis 역시 투자의 단순함에 대해 이렇게 말했습니다.

"투자 결정을 단순화하면, 가족, 친구, 그리고 일에 더 많은 시간을 쏟을 수 있어 삶의 질이 향상될 뿐만 아니라, 그 과정에서 포트폴리오 수익률도 더 높아집니다."

2016년 미국 투자회사 협회The Investment Company Institute에 따르면, 당시 투자자들이 선택할 수 있었던 펀드는 8,066개에 달했습니다.

펀드 마케팅은 겉보기에 그리 노골적이지 않을 수 있지만, 대부분의 펀드 회사들은 자사의 펀드가 경쟁사보다 더 나은 성과를 냈거나 낼 것이라는 인식을 심으려 합니다.

반면, 뱅가드는 자사 펀드 수익률을 다른 회사와 비교하지 않습니다.

보글헤드 커뮤니티에 가장 자주 올라오는 요청 중 하나는 포트폴리오를 단순화하는 방법에 대한 도움입니다.

예를 들어, 최근 한 신규 보글헤드 회원이 자신의 포트폴리오를 '점검track'하는 데 도움을 요청했습니다. 하지만 그가 가진 포트폴리오는 서로 겹치는 90개의 개별 주식으로 구성된 매우 복잡한 상태였습니다.

이 투자자는 문제의 본질을 제대로 파악하지 못하고 있었죠.

그의 진짜 문제는 '점검'이 아니라, 친구와 친척을 포함한 여러 명의 조언을 받은 결과 생긴, 복잡하고도 고비용 구조의 포트폴리오였습니다.

그는 깨닫지 못하고 있었습니다. 사실상 단순한 쓰리펀드 포트폴리오가, 그가 보유한 복잡한 90개의 개별 주식보다 더 많은 주식과 채권에 분산 투자되어 있고, 게다가 훨씬 저렴하게 운용된다는 사실을요.

펀드의 수가 적고 규모가 큰 포트폴리오는 다음과 같은 장점을 제공합니다.

- 더 낮은 비용

- 숨겨진 회전율 비용 감소

- 더 나은 세금 효율성

- 소액 잔고 수수료 회피

- 신규 투자 및 인출 시 왜곡 현상 최소화

- 리밸런싱 필요성 감소

- 실수 가능성 감소

- 세금 신고의 용이성

- 서류 작업 및 보관 부담 감소

- 가족 및 친구들과 보내는 여유 시간 증가

이해하기 쉽고, 관리도 간편한 쓰리펀드 포트폴리오는 고등 수학도, 복잡한 스프레드 시트도, 어려운 세금 신고도, 장 마감 전후로 뉴스에 매달리는 생활도, 〈월스트리트 저널〉을 빠짐없이 읽어야 하는 노력도 필요하지 않습니다.

저는 개인적으로 전 자산을 쓰리펀드 포트폴리오에 맡기고 있는데, 그 포트폴리오는 정말 손이 거의 가지 않습니다.

1년에 몇 번 정도 뱅가드 웹사이트에 접속해 계좌에 이상이 없는지를 확인하는 정도입니다. 참고로 지금까지 단 한 번도 문제가 생긴 적은 없습니다.

저는 70세가 넘은 노인이기 때문에, 매년 제가 인출해야 하는 최소 금액을 확인하고 인출합니다. 그리고 연말 계좌 명세서에는 제가 보유한 세 개의 펀드 잔액이 정리되어 있어, 원하는 자산 배분 비율에 맞게 리밸런싱을 하는 데 필요한 모든 정보가 한눈에 나옵니다.

저는 아마 1년에 한 시간 정도만 투자 관리를 위해 쓰고 있을 것입니다. 이런 식으로 투자하면서 생기는 여유 시간을 여러분이 어디에, 어떻게 쓸 수 있을지 한 번 상상해보시기 바랍니다.

그리고 이 단순한 포트폴리오는 저 자신에게만 쉬운 것이 아니라, 훗날 저를 돌보게 될 사람들이나 제 자산을 물려받을 상속인들에게도 정말 간단하고 부담 없는 구조가 될 것입니다.

"쉬운 일을 굳이 어렵게 만들고 싶어 하는 이상한
인간의 본능이 있는 것 같습니다."

- 워런 버핏

많은 보글헤드들은 커뮤니티에 게시글을 올릴 때, 마지막에 자신이 전하고 싶은 메시지를 담은 '서명 문구'를 덧붙이곤 합니다.

저는 존 보글의 명언을 선택했는데, 그가 남긴 말 중에서도 가장 중요한 메시지 중 하나라고 생각하기 때문입니다.

"단순함은 재정적 성공을 여는 만능 열쇠이다."

보글헤드의 목소리

"저는 '편하게 잠들고 싶어하는 사람'으로서, 쓰리펀드
포트폴리오가 제게 가장 합리적인 선택이라는 점에
확신을 갖고 있습니다."

- KO

마이크처럼 되세요

'파이낸셜 램블링Financial Ramblings'은 마이크가 운영하는 정말 좋은 블로그입니다. 그는 중년의 가장으로 아내와 함께 살고 있고, 자녀 넷은 모두 학교에 다니고 있습니다. 성은 알지 못하지만, 이 이야기를 하는 데에는 중요하지 않습니다.

아마 여러분 중 누군가는 마이크와 비슷할지도 모릅니다. 그는 성실하게 일했고, 대부분의 경우 현명한 결정을 내렸으며, 아내와 힘을 합쳐 가족의 재정을 건강하게 다져 왔습니다. 주택 대출은 모두 상환했고, 신용카드 부채도 없으며, 아이들을 키우면서도 꽤 큰 규모의 투자 포트폴리오를 만들어냈습니다.

마이크는 금수저도 아니었고, 출발선도 남들보다 앞서지 않았습니다. 그런 그가 지금의 결과를 만들 수 있었던 건, 세 개의 펀드에 자산을 배분한 것이 전부라고 말합니다.

이 단순한 선택이 가족의 경제적 자유에 놀라운 변화를 가져다주었습니다.

질문 1: 주식과 채권, 어느 쪽에 더 비중을 둘 것인가요?

마이크는 이 질문에 답하기 전에 꼭 기억해야 할 중요한 사실을 하나 짚습니다.

주식 비중을 높이면 기대 수익도 높아지지만, 그만큼 위험도 커진다는 점입니다. 반면, 채권은 꼭 지켜야 할 자산을 보호해주는 완충 역할을 합니다.

즉, 채권 비중은 잃어서는 안 되는 돈을 어디에 둘 것인가에 대한 결정인 셈입니다.

그는 또 한 가지 흥미로운 점도 언급합니다.

채권 100% 포트폴리오에 주식을 소량만 추가해도, 수익률은 올라가고 오히려 위험은 줄어드는 경우가 많다는 것입니다.

분산 투자의 힘이 바로 여기에 있습니다.

질문 2: 미국 주식과 국제 주식의 비율은 어떻게 정할 것인가요?

주식과 채권 간의 자산 배분을 정했다면, 이제는 미국 주식과 국제 주식을 어떤 비율로 나눌지 결정할 차례입니다.

그렇다면 굳이 국제 주식까지 투자해야 할까요? 그 이유는 역시 분산 투자의 효과입니다.

역사적인 데이터를 보면, 국제 주식에 일부를 투자하면 전체 수익률은 높이면서도 변동성은 줄일 수 있는 가능성이 있다는 사실을 보여줍니다.

이 역시 앞서 본 것처럼, 수익도 높이고 위험도 줄이는 이상적인 조합이라 할 수 있습니다.

말 그대로 윈-윈 전략인 셈입니다.

참고로 미국 주식시장은 전 세계 전체 시가총액의 약 3분의 1 정도를 차지하고 있다는 점도 기억해두시면 좋겠습니다.

그렇다고 국제 주식에 너무 과하게 비중을 두는 것은 바람직하지 않을 수 있습니다.

마이크는 전체 자산 배분을 주식 60%, 채권 40%로 구성하되, 그중 주식 비중의 20% 정도를 국제 주식에 투자하는 방식이 적절할 수 있다고 조언합니다.

이를 쉽게 시작하실 수 있도록, 마이크는 여러 주요 자산운용사에서 활용 가능한 대표적인 인덱스 펀드의 티커symbol를 다음과 같이 소개하고 있습니다.

뱅가드: VTSAX(미국 주식), VTIAX(국제 주식), VBTLX(등급 채권)

피델리티: FSTMX(미국 주식), FSGDX(국제 주식), FBIDX(등급 채권)

슈왑: SWTSX(미국 주식), SWISX(국제 주식), SWLBX(종합 채권)

티아-크레프: TINRX(미국 주식), TRIEX(국제 주식), TBILX(종합 채권)

마이크는 이 외에도 몇 가지 대안을 제시하고 있습니다. ETF를 선호한다면, VTI, VXUS, BND 같은 ETF나 여러 자산운용사에서 제공하는 유사한 ETF 상품들을 활용하셔도 됩니다.

여기에 기억해두실 만한 팁을 하나 드리겠습니다.

자산 비중이 목표를 벗어났을 때, 새로운 투자금이나 배당금 재투자를 활용해 비중이 낮은 자산군에 우선적으로 배분하는 방식을 사용할 수 있습니다.

이렇게 하시면 큰 폭의 리밸런싱 없이도 포트폴리오를 원하시는 범위 안에서 유지하실 수 있으며, 리밸런싱은 자산 비

중이 지나치게 벌어졌을 때만 최소한으로 진행하시면 됩
니다.

출처: '쓰리펀드 포트폴리오로 투자하기, 파이낸셜 램블링, 2013년 5월 13일.
http://www.fi nancialramblings.com/archives/investing-with-a-three-
fundportfolio/

제5장

쓰리펀드 포트폴리오

존 보글이 세 가지 전체 시장 인덱스 펀드를 처음 선보인 이후
수년 동안은 뱅가드가 유일하게 이러한 전체 시장 인덱스 펀드
를 제공하는 유일한 펀드 회사였습니다.

그러나 이 투자 방식의 장점이 널리 알려지면서, 슈왑
Schwab, 피델리티Fidelity를 포함한 몇몇 자산운용사들이 각각 비
슷한 저비용의 전체 시장 인덱스 펀드와 ETF를 출시하기 시작
했습니다.

그 결과, 이제 투자자들은 자신이 선호하는 회사의 상품으
로 쓰리펀드 포트폴리오를 구성할 수 있게 되었습니다.

1단계: 3개의 인덱스 펀드를 선택한다 ──

쓰리펀드 포트폴리오를 시작하실 때, 첫 번째로 하셔야 할 일은 어떤 펀드나 ETF가 본인의 투자 목적과 상황에 가장 잘 맞는지를 결정하는 것입니다.

'전체 주식시장 인덱스 펀드VTSAX, ETF VTI', '전체 국제주식 인덱스 펀드VTIAX, ETF VXUS', '전체 채권시장 인덱스 펀드VBTLX, ETF BND', 이렇게 세 가지 저비용 전체 시장 인덱스 펀드만으로도 충분하다는 저의 주장에 여러분도 동의하시길 바랍니다.

물론, 여기에 추가적으로 다른 펀드나 ETF를 추가할 수도 있습니다. 하지만 그럴 경우에는 비용과 복잡성이 증가한다는 점만은 꼭 인지하셔야 합니다.

2단계: 최적의 자산 배분 계획을 수립한다 ──

쓰리펀드 포트폴리오를 설계할 때, 두 번째로 중요한 단계는 자신에게 적합한 자산 배분을 설정하는 것입니다.

이는 투자에서 가장 중요한 결정 중 하나인데요. 얼마나 저축하고 투자하느냐를 제외하면 자산 배분, 즉 주식과 채권의 비율이 기대 수익과 기대 위험 수준을 좌우하기 때문입니다.

꼭 기억하셔야 할 점은 기대 수익이 높을수록 기대 위험도 함께 높아진다는 사실입니다. 이 둘은 항상 함께 움직입니다.

뱅가드에서 발표한 자료에는 1926년부터 2015년까지 다양한 주식/채권 비율에 따른 연평균 수익률과 최악의 해 수익률이 나와 있습니다.

이 자료를 참고하시면, 자산 배분에 따른 수익과 위험의 관계를 보다 명확하게 이해하실 수 있습니다.

주식/채권 비율	연평균 수익률	최악의 해 수익률
주식 0%/채권 100%	5.4%	-8.1%
주식 20%/채권 80%	6.7%	-10.1%
주식 40%/채권 60%	7.8%	-18.4%
주식 60%/채권 40%	8.7%	-26.6%
주식 80%/채권 20%	9.5%	-34.9%
주식 100%/채권 0%	10.1%	-43.1%

표는 전체 포트폴리오에서 주식과 채권의 비율이 얼마나 중요한지를 명확하게 보여줍니다. 주식 비중이 높은 포트폴리오는 변동성이 더 크기 때문에, 높은 수익을 낼 가능성도 있지만 동시에 손실의 폭도 커질 수 있다는 점을 반드시 염두에 두셔야 합니다.

하지만 통계는 종종 보여주는 것보다 감추는 것이 더 많습니다.

예를 들어, 표에는 약세장이 보통 1년 이상 오랫동안 지속된다는 사실이 나타나 있지 않습니다. 따라서 주식이나 채권의 수익률은 표에 나타난 최악의 해 수익률보다 훨씬 더 나쁠 수 있다는 사실입니다.

2008년 금융위기 당시 약세장에서는 뱅가드 '전체 주식시장 인덱스 펀드'가 무려 16개월 연속 하락하여 총 50.9%의 하락률을 기록했습니다. 이후 원래의 가치로 회복하기까지 추가로 37개월이 소요되었습니다.

반면, 뱅가드 '전체 채권시장 인덱스 펀드'는 2008년에 오히려 5% 상승했습니다.

이처럼 자산 배분은 수익률뿐 아니라 위기 상황에서의 방어력에도 큰 영향을 미칩니다.

뱅가드는 투자자들이 자신에게 적합한 주식/채권 비율 결정할 수 있도록 도와주는 무료 자산 배분 도구를 제공하고 있습니다. 이 도구를 활용하시면 여러분의 투자 성향에 맞는 포트폴리오 구성을 보다 쉽게 찾을 수 있습니다.

뱅가드는 노벨 경제학상 수상자인 빌 샤프가 설립한 파이낸셜 엔진Financial Engines과 제휴하고 있습니다. 이 회사는 몬테카를로 시뮬레이션Monte Carlo Simulation 기법을 활용하여 여러분의 포트폴리오에 내재된 위험 요소들을 보다 현실적으로 인식할 수 있도록 도와줍니다.

물론 미래는 예측할 수 없지만, 이러한 시뮬레이션을 통해 다양한 미래 시나리오의 확률적 결과를 확인함으로써 보다 정보에 기반한 투자 판단을 내릴 수 있습니다.

투자의 기본 원칙 중 하나는, 주식에 투자하고 싶지 않은 안전 자산은 우량 채권에 보관하라는 것입니다.

물론 채권도 항상 손실로부터 100% 안전하다고 할 수는 없지만, 앞서 소개된 표에서 봤듯이 오랜 시간 동안 유효성이 입증된 조언입니다.

채권 비중과 관련하여 가장 많이 쓰이는 기준은 바로 자신의 나이만큼 채권에 투자하라는 일반적인 규칙입니다. 예를 들어, 당신이 30세라면 전체 포트폴리오의 30%를 채권에 나머지를 주식에 투자하는 방식입니다.

하지만 좀 더 적극적으로 운용하고 싶으시다면, 채권 비중을 나이보다 낮게 설정할 수 있습니다. 반대로 보수적으로 운용하고 싶은 투자자라면, 나이보다 높은 비율로 채권에 투자하는 것을 고려할 수 있습니다.

다만, 앞서 살펴본 주식/채권 비율 표나 뱅가드의 자산 배분 도구는 국제 주식의 비중을 따로 고려하고 있지 않습니다. 국제 주식 투자에 대해서는 여전히 의견이 많이 갈리는 논쟁적인 주제이기 때문입니다.

국제 주식과 관련된 쟁점으로는 일부 국가의 부실한 회계와 정부 시스템의 불투명성, 환율 변동 리스크, 그리고 전반적인 정보 비대칭성 등이 있습니다.

존 보글은 이러한 이유로 국제 주식의 비율을 0%로 둬도 괜찮다고 말합니다. 하지만 국제적인 분산 투자를 원하는 투자자라면 주식 비중의 20%가 적절하다고 판단했습니다.

제 개인적인 의견은 미국 투자자의 경우 주식 비중의 20%

정도는 국제주식 인덱스 펀드, 예를 들어 뱅가드 '전체 국제주식 인덱스 펀드VTIAX, ETF VXUS'에 투자하는 것이 현실적인 절충안이라고 생각합니다.

이 비율은 잭 보글이 제안한 최대치 20%와 뱅가드 연구에서 추천한 최소치 20%의 중간 지점에 해당합니다.

3단계: 펀드와 ETF, 어떤 것을 사용할지 결정한다 ──

투자자가 원하는 자산 배분 비율을 설정했다면, 세 번째 단계는 전통적인 펀드를 사용할지, 아니면 ETF(상장지수펀드)를 사용할지 결정하는 것입니다.

하지만 이 선택은 단기매매를 자주 하는 트레이더가 아니라면 크게 고민하실 필요는 없습니다.

ETF는 장중에 자유롭게 매매할 수 있는 상품이기 때문에, 트레이더나 단기 투자자들이 주로 선호합니다.

반면, 보글헤드 투자자들은 단기매매를 지양하며 장기투자를 지향합니다. 우리는 계획을 세웠다면 그대로 유지한다Stay the course라는 철학을 따릅니다.

참고로 뱅가드에서 제공하는 ETF는 기존 펀드의 또 다른 주식 클래스일 뿐입니다. 즉, ETF와 해당 펀드는 동일한 자산에 투자하며 세금 효율성도 동일합니다. 다만, 운용보수는 ETF가 약간 저렴합니다.

그래서 저는 처음에는 뱅가드의 인덱스 펀드로 포트폴리오를 시작하시기를 권장합니다. 나중에 원하신다면 같은 펀드의 ETF로 전환하는 것도 가능합니다. 이 경우에는 세금이나 추가 비용이 발생하지 않습니다.

다만 주의하실 점은 ETF에서 펀드로 되돌아가는 전환은 허용되지 않는다는 점입니다. 결국, 다시 펀드로 돌아가기 위해서는 ETF를 매도하고 펀드를 다시 매수해야 하는 것입니다.

이것은 뱅가드의 이야기로 다른 자산운용사의 경우 규정이 다를 수 있으므로, 각 운용사의 규정을 미리 확인하시는 것이 좋습니다.

4단계: 세금 혜택 계좌를 최대한 활용한다

네 번째 단계는 자격이 되는 경우, 세금 혜택이 주어지는 은퇴계좌에 투자하는 것입니다.

직장에 퇴직연금 플랜이 있다면, 매년 최대 18,000달러까지 세전 납입이 가능하며, 50세 이상인 경우에는 추가 납입으로 24,000달러까지 허용됩니다.

먼저 확인하셔야 할 것은 회사에서 제공하는 퇴직연금 플랜에 저비용 TDF^{Target Date Fund}가 있는지 여부입니다. 이러한 펀드는 투자자가 원하는 자산 배분과 유사한 주식/채권 구성을 가지고 있어야 합니다.

TDF란, 하나의 펀드 안에서 주식, 채권, 현금 등의 비중을 자동으로 조절하며 운용하는 올인원^{All-in-One} 펀드입니다.

이 펀드는 은퇴 시점을 기준으로 자산 배분이 자동으로 조정되며, 연령이 증가함에 따라 점점 보수적으로 리밸런싱이 이루어집니다.

또한, 나중에 투자한 펀드를 다른 펀드로 변경하고 싶을 경우에도, 대부분의 은퇴계좌 내에서는 세금이나 페널티 없이 자유롭게 전환이 가능합니다.

하지만 주의하실 점도 있습니다. 펀드 이름에 TDF가 붙어 있다고 해서, 모든 TDF가 동일한 주식/채권 비율을 갖는 것은 아닙니다.

회사나 운용사에 따라 내부 자산 구성이 다를 수 있으므로, 이름만 보고 선택하기보다는 자신이 목표로 하는 자산 배분에 가장 적절한 펀드를 직접 확인하고 선택하셔야 합니다.

즉, 펀드를 고를 때는 이름이 아니라 자신이 원하는 주식/채권 비율이 기준이 되어야 한다는 점을 꼭 기억하셔야 합니다.

퇴직연금은 전문가들이 설계한 상품이기 때문에, 은퇴 예상 시점, 위험 허용도, 재정 상황에 맞는 TDF를 세제 혜택 계좌에 편입하는 것은 거의 실패하기 어려운 현명한 선택입니다.

하지만 만약 회사에서 제공하는 퇴직연금 플랜에 TDF가 포함되어 있지 않다면, 저비용 인덱스 펀드를 찾아보는 것이 좋습니다.

대부분의 회사 퇴직연금 플랜에는 'S&P 500 인덱스 펀드'가 포함되어 있으며, 이 펀드는 미국 전체 주식시장 인덱스 펀드의 대체재로 충분히 적절합니다.

또한, 일부 퇴직연금 플랜에는 'S&P 500 인덱스 펀드' 외에 S&P 500에 포함되지 않은 중소형주 중심의 '익스텐디드 마켓 인덱스 펀드Extended Market Index Fund'를 함께 제공하는 경우도 있습니다.

이 경우, 'S&P 500 인덱스 펀드'와 '익스텐디드 마켓 인덱스 펀드'를 5:1 비율로 조합하면, 미국 전체 주식시장 인덱스 펀드와 매우 유사한 포트폴리오를 구성할 수 있습니다.

마지막으로 회사에서 제공하는 퇴직연금 플랜에 적절한 저비용 인덱스 펀드조차 없다면, 회사에서 매칭해주는 금액을 받을 수 있는 한도까지는 비용이 가장 낮은 펀드에 우선 투자하는 것이 좋습니다.

이러한 '무료 자금', 즉 회사의 매칭 혜택을 최대한 챙긴 다음에는 보다 폭넓은 저비용 펀드 선택이 가능한 개인형 퇴직연금 계좌를 별도로 개설하여, 원하시는 포트폴리오를 완성할 수 있습니다.

특히, 젊은 투자자라면 회사에서 제공하는 최대 매칭 한도까지 저축하는 습관을 반드시 기르셔야 합니다. 이는 장기적인 복리 효과와 세금 혜택을 극대화하는 데 있어 가장 효율적인 첫 걸음이 될 수 있습니다.

이미 퇴직연금이나 개인형 퇴직연금, 연금저축 등 세금 혜택이 있는 계좌에 최대한도로 납입을 마친 상태이거나, 그 어떤 이유로 세제 혜택 계좌에 접근이 어렵다 하더라도 너무 낙담하지 않아도 됩니다.

이럴 때는 광범위한 시장을 타겟으로 하는 저비용 인덱스 펀드나 ETF를 과세 계좌에서 운용하는 방법이 있습니다. 이런 상품들은 세금 효율성이 매우 높고, 과세 계좌는 유동성이 뛰어나다는 장점이 있습니다.

즉, 언제든지 어떤 이유로든 자금을 인출할 수 있습니다.

과세 계좌에서 펀드나 ETF를 고를 때는 무조건 하나의 원칙만 기억하시면 됩니다.

과세 계좌에서는 반드시 세금 효율이 높은 펀드만 사용한다는 점입니다. 과세 계좌에서는 수익이 발생한 펀드를 매도하거나 다른 펀드로 교체하게 되면, 대부분의 경우 자본이득세가 발생하기 때문입니다.

이런 경우에는 '전체 주식시장 인덱스 펀드VTSAX, ETF VTI'나 '전체 국제주식 인덱스 펀드VTIAX, ETF VXUS'가 우수한 선택지가 될 수 있습니다.

이 두 가지 펀드는 장기 보유 시 세금 효율성이 뛰어나며, 세금 혜택 계좌를 다 채운 이후에 투자하기에 특히 적합합니다.

'전체 채권시장 인덱스 펀드VBTLX, ETF BND'는 세금 효율성이 떨어지기 때문에 가능하면 세금 혜택 계좌에 편입하는 것이 바람직합니다.

하지만 세금 혜택 계좌에 여유 공간이 없다면, 뱅가드 '비과세 중기채권 펀드VWIUX'와 같은 비과세 채권형 펀드를 활용하는 대안을 고려해볼 수 있습니다. 여러분의 거주 지역에 따라 제공되는 비과세 또는 면세 채권형 펀드가 있는지 찾아 과세 계좌에 편입하는 것도 방법이 될 수 있습니다.

5단계: 계획을 실행하고 유지한다 ──

지금까지 쓰리펀드 포트폴리오를 시작하기 위한 준비 과정을 거쳤습니다. 이제 5단계는 지금까지 준비한 쓰리펀드 포트폴리오를 실행에 옮기는 것입니다.

지금까지의 과정을 다시 한번 요약해보겠습니다.

1단계: 세 개의 전체 시장 인덱스 펀드, 또는 그에 상응하는 대체 펀드를 선택했고

2단계: 자신의 투자 성향과 재무 목표에 맞는 자산 배분 계획을 설정했으며

3단계: 펀드와 ETF 중 어떤 방식으로 투자할지 선택했고

4단계: 세금 혜택 계좌와 과세 계좌를 활용하여 세금 효용성을 최적화했습니다.

5단계: 이제는 쓰리펀드 포트폴리오를 실행하고 유지할 차례입니다.

현재 기준으로 보면, 피델리티와 슈왑 등 여러 자산운용사들은 뱅가드와 경쟁하며 저비용 인덱스 펀드 시장에서 수수료 전쟁 중입니다.

그 결과, 그들의 인덱스 펀드 일부는 뱅가드와 동일하거나

오히려 0.01% 정도 더 저렴한 운용보수를 제공하기도 합니다.

이는 투자자 입장에서는 매우 반가운 소식입니다. 이러한 운용보수 경쟁은 장기 수익률 향상에 직접적으로 긍정적인 영향을 주기 때문입니다.

단, 이와 같은 저비용 상품이 단지 고객 유치를 위한 미끼 상품은 아닌지 확인하기 위해 광고의 세부 사항이나 약관 등을 반드시 꼼꼼히 살펴보시는 것이 좋습니다.

저는 뱅가드 이외에도 피델리티나 슈왑과 같은 전체 시장 인덱스 펀드를 저비용으로 제공하는 자산운용사도 고려해보라고 권해드립니다. 하지만 0.01% 수준의 수수료 차이도 중요하지만, 더 중요한 것은 자산운용사의 재무건전성, 평판, 고객서비스 품질입니다.

관심 있는 자산운용사가 있다면, 해당 운용사에 직접 연락하여 TDF나 쓰리펀드 포트폴리오의 투자 시작 방법을 문의하시기 바랍니다.

현재 세금 혜택 계좌를 활용하고 계시다면, 기존 포트폴리오를 쓰리펀드 포트폴리오로 세금 부담 없이 교체가 가능합니다. 하지만 과세 계좌에서는 현재 운용하고 있는 기존 포트폴리오가 수익을 내고 있다면 기존 포트폴리오를 매도할 때 세금 및 수수료가 발생할 수 있다는 점을 고려하셔야 합니다.

이러한 상황은 많은 투자자들이 겪는 일반적인 고민이며, 바로 이 때문에 과세 계좌에서는 처음부터 세금 효율적인 펀드를 사용하여 투자하는 것이 매우 중요한 이유이기도 합니다.

세금을 최소화하기 위한 5단계는 다음과 같습니다.

1. 더 이상 원하지 않는, 세금 효율성이 떨어지는 상품에는 추가 납입을 중단하십시오.

2. 배당금이나 이자 수익이 자동 재투자되지 않도록 설정을 변경하세요.

3. 보유 중인 과세 계좌의 각 상품별로 수익/손실 상태를 확인하세요.

4. 손실이 난 상품이 있다면, 이를 매도하여 손절매하는 방안도 고려해보세요.

5. 이익이 발생한 상품은, 4번 손절매에서 실현한 손실만큼만 매도하는 방식으로 절세를 할 수 있습니다. 단, 매도 전에 1년 이상 보유하여 장기 자본이득세 혜택을 받는 것이 바람직합니다.

4번과 5번 전략은 서로 상쇄되어, 결과적으로 세금이 제로가 될 수도 있습니다. 그리고 이렇게 매도한 자금으로 세금 효율이 높은 전체 시장 인덱스 펀드에 재투자하시면 됩니다.

이후 남은 기존 포트폴리오 자산에 대해 다음과 같은 결정을 내리셔야 합니다.

앞으로 세금 비효율적인 상품을 계속 보유할 것인가? 아니면 세금을 납부하더라도 지금 정리하고 더 단순하며 비용도 낮고 세금 효율이 높은 포트폴리오로 전환할 것인지 말이죠.

주의사항: 고령의 투자자를 위한 세금 관련 유의점 ——

고령의 투자자분들께서는 꼭 기억하셔야 할 점이 있습니다.

2018년 기준 연방법에 따르면 상속세 및 증여세 면제 한도는 개인당 약 560만 달러이며, 부부 공동신고 시에는 그 두 배까지 면제됩니다.

이러한 이유로 고령이거나 건강 상태가 좋지 않은 투자자께서는 큰 자본이득이 발생할 자산을 생전에 매도하지 않는 것이 유리할 수 있습니다.

왜냐하면 해당 자산이 사망 이후에 상속될 경우, 자본이득에 대한 세금이 면제되기 때문입니다.

이어서 불필요한 자산을 매도하기로 결정하셨다면, 새로운 자산을 어떤 계좌에 보관할지 결정해야 합니다.

가능하다면, 단기 현금이 필요한 경우를 제외하고는 전체 포트폴리오를 세금 혜택 계좌에 배치하는 것이 거의 항상 더 유리합니다. 하지만 법적으로 허용된 납입한도까지 세금 혜택 계좌를 최대한 활용하셨다면, 그 이후의 투자금은 과세 계좌를 통해 운용하셔야 합니다.

만약 제가 설명드린 내용 외에 펀드 배치에 관해 궁금한 점이 있으시다면, 보글헤드 커뮤니티를 방문해보시기 바랍니다. 보글헤드 커뮤니티에는 경험 많은 개인 투자자들뿐만 아니라 금융 전문가들도 활발하게 활동하고 있으며, 기꺼이 성실하게 도움을 드릴 것입니다.

"2009년부터 저는 쓰리펀드 포트폴리오를 그대로
유지하며 시장의 소음에 흔들리지 않고
투자해왔습니다. 그 결과는요? 지금까지 아주
만족스럽습니다. 이 책을 읽고 나서 보글헤드
커뮤니티에 가입한 것이 정말 잘한 선택이었다고
생각합니다."

- RO

"저는 퇴직연금 계좌에 쓰리펀드 포트폴리오를
적용했습니다. 정말 간단하고, 효과적이며, 마음까지
편안해지는 방식입니다."

- GV

"나이를 먹을수록 '단순함의 가치'를 깨닫게 됩니다.
지금은 저도 쓰리펀드 투자자로 매우 만족하고
있습니다. 기존 자산을 쓰리펀드 포트폴리오로
조정한 이후, 운용보수가 0.5% 이상 줄었고 수익률도
매우 좋습니다."

- MC

"이렇게 단순한 쓰리펀드 포트폴리오를
고안했다는 건, 정말 높은 수준의 지식과 통찰이
필요한 일이라고 생각합니다."

- QW

비용은 중요합니다
그리고 점점 낮아지고 있습니다
(존 보글에게 감사드립니다)

존경받는 칼럼니스트 조너선 클레멘츠가 말을 할 때는 귀기울일 가치가 있습니다. 존 보글이 자주 강조했듯이, 비용은 장기적인 투자 성과를 결정짓는 가장 중요한 요소입니다. 비용을 줄이면 줄일수록, 그만큼 투자자는 더 많은 수익을 온전히 지킬 수 있게 됩니다. 클레멘츠는 독자들에게 이렇게 조언합니다.

"지금은 거의 비용을 들이지 않고도 훌륭한 포트폴리오를 만들 수 있는 시대다."

오늘날 피델리티와 슈왑을 비롯한 자산운용사들은 뱅가드와의 경쟁 속에서 치열한 수수료 인하 경쟁을 벌이고 있습니다.

물론 이 경쟁이 언젠가는 끝날 수도 있지만, 뱅가드는 각 펀드를 원가 수준으로 운영한다는 철학을 가진 회사임으로 앞으로도 상황이 크게 바뀔 가능성은 낮습니다.

따라서 쓰리펀드 포트폴리오보다 운용보수가 더 높은 다른 투자 옵션을 고려하고 있다면, 꼭 이 점을 기억해두시길 바랍니다.

"투자할 때 절약한 비용은, 결국 남이 아니라 투자자 자신의 주머니로 돌아옵니다."

출처: 조너선 클레멘츠. '거의 아무런 비용 없이', 험블 달러, 2017년 4월 8일.
http://www.humbledollar.com/2017/04/next-to-nothing/

부록 I

전문가의 의견

미국 개인투자자협회(AAII)

"행동재무학 연구는 저비용의 광범위하게 분산된 인덱스 펀드를 매수하고 장기 보유하는 전략이 매우 효과적이라는 점을 강하게 시사합니다. 이는 이제 놀랍지도 않은 사실입니다."

마크 발라사(CPA, CFP)

"세 가지 자산에 분산 투자하는 이 전략은, 대부분의 사람들이 증권사에서 구성하고 있는 개별 주식 및 채권 포트폴리오보다 훨씬 더 우수한 성과를 낼 것입니다. 이 단순함 속에는 어떤 우아함이 담겨 있습니다."

크리스틴 벤츠, 모닝스타 개인재무 담당 이사

"많은 보글헤드들이 추천하는 '쓰리펀드 포트폴리오'에는 딱히 흠잡을 데가 없습니다."

빌 번스타인, 《투자의 네 기둥》 저자

"이 '쓰리펀드 포트폴리오'가 너무 단순해 보여서 아마추어 같다고 느끼시나요? 그런 생각은 내려놓으시기 바랍니다. 앞으로 수십 년 동안, 대부분의 전문 투자자조차 이 전략을 이기지 못할 것입니다."

존 보글, 뱅가드 창립자

"시장 전체에 투자하는 것의 장점은 개별 종목 리스크, 특정 섹터 리스크, 그리고 펀드매니저 리스크를 모두 제거할 수 있다는 것입니다."

스콧 번스, 투자 칼럼니스트

"우리가 저비용의 광범위한 인덱스 펀드보다 더 나은 성과를 낼 확률은… 솔직히 말해 아주, 아주 낮습니다."

조너선 버튼, 마켓워치 칼럼니스트

"투자를 복잡하게 만드는 방법은 수도 없이 많고, 그 복잡함을 통해 돈을 벌려는 사람들도 많습니다. 그래서 저는 '쓰리펀드 전략'을 이렇게 생각합니다. 복잡하게 신경 쓸 필요 없는 전략이라는 거죠."

앤드루 클라크, 《투자 경험의 지혜》 공저자

"보유한 주식 포트폴리오가 전체 주식시장과 지나치게 다르게 보인다면, 추가적인 리스크를 떠안고 있다는 뜻입니다. 그 리스크가 보상으로 돌아올 수도 있고, 그렇지 않을 수도 있습니다."

조너선 클레멘츠, 월스트리트 저널 칼럼니스트

"광범위한 인덱스 펀드를 활용해 시장 수익률을 그대로 따라가는 전략은, 그 단순함의 미학과 함께 정말 탁월하다고 생각합니다."

컨슈머 리포트 머니북

"시장 전체를 통째로 매수하세요. 그게 가장 간단하면서도 효과적인 방법입니다."

아스와스 다모다란, 뉴욕 대학교 교수 20권 이상의 금융투자서 저자

"시장을 이기는 일은 결코 쉽지 않습니다. 그게 쉽다고 말하는 사람은 역사와 증거를 무시하고 있는 것입니다."

로라 도구, 《보글헤드 은퇴 플래닝》 공저자

"세 가지 펀드만으로 투자 포트폴리오를 구성하면, 낮은 비용과 폭넓은 분산 효과를 누릴 수 있으면서도 관리가 매우 간편한 포트폴리오를 유지할 수 있습니다."

찰스 엘리스. 《승자의 게임》 저자

"주식시장은 대부분의 사람들이 이기기엔 너무 효율적으로 작동합니다."

유진 파마, 노벨 경제학상 수상자

"대부분의 사람들에게 시장 포트폴리오에 투자하는 것이 가장 현명한 선택입니다."

릭 페리, 포브스 칼럼니스트 6권의 금융투자서 저자

"나이가 들수록 '쓰리펀드 포토폴리오'가 대다수 사람들에게 가장 훌륭한 선택이라는 확신이 더 커집니다. 단순하고, 비용이 낮

으며, 유지 관리도 쉬울 뿐 아니라 전략을 포기하게 만드는 감정
적 요인인 추적 오차도 없습니다."

셀든 제이콥스, 《노로드 펀드 투자 가이드》 저자

"거의 모든 사람에게 가장 적합한 인덱스 펀드는 '전체 주식시
장 인덱스 펀드'입니다. 이 펀드가 실패하는 유일한 경우는 시장
자체가 무너지고 다시 회복되지 않는 경우뿐인데, 그럴 가능성
은 거의 없습니다."

킵링거 은퇴 리포트

"전 세계 주식시장과 채권시장 대부분을 포괄하는 세 가지 펀드
만으로도 전문 투자자보다 더 나은 성과를 거둘 수 있습니다. 그
세 가지는 '뱅가드 전체 주식시장 인덱스 펀드', '뱅가드 전체 국
제주식 인덱스 펀드', 그리고 '뱅가드 전체 채권시장 인덱스 펀
드'입니다."

버튼 말킬, 《랜덤워크 주식수업》 저자

"미국 주식시장 전체를 추종하는 '전체 주식시장 인덱스 펀드'
를 추천합니다. 미국 채권시장과 해외 주식시장도 같은 방식으

로 접근하는 게 좋습니다."

해리 마코위츠, 노벨 경제학상 수상자

"시장을 이기고 빠르게 부자가 되려는 어리석은 시도는 결국 증권사만 부자로 만들어주고, 정작 투자자는 손해를 보게 될 것입니다."

밥 밀러, 전설적인 펀드매니저

"1982년 이후 시장 수익률이 생존한 펀드매니저의 91%를 이긴 걸 보면, 시장은 꽤 효율적으로 보입니다."

E. F. 무디, 《비상식 없는 투자》 저자

"저는 점점 더 확신하게 됩니다. 개인 투자자든 기관 투자자든 가장 좋은 조언은, 시장 전체를 포괄하는 저비용 인덱스 펀드에 투자하는 것이 핵심이라는 점을요."

모틀리 풀

"장기적으로 투자할 자금을 광범위한 시장 지수를 추종하는 인덱스 펀드에 넣는 것이 가장 좋습니다."

존 노르스타드, 수학자

"전체 시장에 투자하는 사람들에게 역사, 수학, 그리고 이성이 모두 하나같이 말합니다. 결국엔 성공할 것이라고요."

애나 프라이어, 월스트리트 저널 기자

"세 가지 펀드로 구성된 단순한 포트폴리오. 얼핏 보기엔 직관에 반하는 것처럼 들릴 수 있지만, 일반 개인 투자자에게는 오히려 '단순함'이 '더 나은 결과'를 가져다줍니다."

론 로스, 《이길 수 없는 시장》 저자

"시장을 이기려는 헛된 집착을 내려놓는 것이야말로 투자 효율을 높이고, 재정적으로 평온한 삶을 얻는 가장 확실한 방법입니다."

앨런 로스, 《초등학교 2학년이 월스트리트를 이기는 법》 저자

"쓰리펀드 포트폴리오의 진정한 강점은 표준편차나 상관관계, 샤프 비율 같은 복잡한 개념을 고민하지 않아도 자동으로 전 세계에 분산된 포트폴리오를 구축할 수 있다는 점입니다."

폴 새뮤얼슨, 노벨 경제학상 수상자

"주식 포트폴리오를 효율적으로 분산하는 가장 좋은 방법은 저비용 인덱스 펀드를 활용하는 것입니다. 통계적으로도, 광범위한 인덱스 펀드가 대부분의 액티브 펀드보다 더 좋은 성과를 냅니다."

빌 슐타이스, 《커피하우스 투자자》 저자

"굳이 펀드를 8개나 보유할 필요가 없습니다. 2~3개만으로도 훌륭한 포트폴리오를 만들 수 있습니다."

제레미 시걸, 《장기투자를 위한 주식》

"대부분의 사람들에게 시장 수익률을 넘어서려는 시도는 오히려 재앙이 될 수 있습니다."

댄 솔린, 《가장 현명한 포트폴리오》 저자

"포트폴리오 구성은 복잡하게 할 수도 있고, 아주 단순하게 할 수도 있습니다. 미국 주식, 국제 주식, 채권에 투자하는 세 개의 인덱스 펀드만 보유해도 아주 단순하게 구성할 수 있는데, 그것이 바로 제가 제시하는 모델 포트폴리오의 핵심입니다."

윌리엄 스피츠, 《천천히 부자 되기》 저자

"시장 전체를 구성하는 인덱스 펀드를 매수해 장기 보유하는 단순한 전략을 이길 수 있는 사람은 거의 없습니다."

메이어 스태트먼, 《투자자가 진짜 원하는 것》 저자

"이 세 가지 펀드에 투자하는 건 이치에 맞는 전략입니다. 사람들이 망설이는 이유는, 이 방식이 너무 단순해서 정말 효과가 있을까 싶기 때문이죠."

로버트 스토벌, 투자 매니저

"시장을 이길 수 없다는 말은 사실이 아닙니다. 매년 약 3분의 1 정도는 시장을 이깁니다. 물론 그 사람들은 매년 바뀌죠."

켄트 튠, 파이낸셜 필로소퍼 편집장

"패시브 투자 방식의 장점과 존 보글의 '건초더미 철학'을 결합하면 뱅가드 인덱스 펀드를 통해 미국 주식, 국제 주식, 채권이라는 세 가지 주요 카테고리만으로 시장 전체를 포괄할 수 있습니다."

월터 업드그레이브, 머니 수석 편집자

"다음 세 가지 펀드(또는 그에 상응하는 ETF)에 투자하세요.

'전체 주식시장 인덱스 펀드', '전체 국제주식 인덱스 펀드', '전체 채권시장 인덱스 펀드' 이렇게만 해도, 세계에 상장된 거의 모든 유형의 주식(대형주와 소형주, 성장주와 가치주, 미국 주식과 국제 주식, 다양한 산업과 섹터)에 고루 분산 투자할 수 있습니다. 동시에 미국의 투자등급 채권시장 전반(단기부터 장기까지의 만기와 국채, 회사채, 모기지 채권 등)에도 포괄적으로 투자할 수 있습니다."

윌셔 어소시에이츠

"시장 포트폴리오야말로 수익 대비 위험 비율이 가장 우수한 투자 방식입니다."

제이슨 츠바이크, 월스트리트 저널 금융 칼럼니스트

"평생 보유할 투자 수단으로 단 하나만 고른다면, 저는 주식시장 전체를 추종하는 인덱스 펀드를 선택하겠습니다."

_벤저민 그레이엄의 고전 《현명한 투자자》에 대한 논평에서

부록 II

보글헤드를
만나보세요

멜 린다우어, 존 C. 보글 금융 리터러시 센터 회장

초기 역사 ——

1998년, 테일러 래리모어를 비롯한 몇몇 사람들이 모닝스타닷컴에 새로운 온라인 토론 포럼을 만들기 위해 힘을 모았습니다. 이 새로운 포럼은 뱅가드의 창립자 존 보글이 주창한 인덱스 펀드 투자 철학을 중심 주제로 삼고자 했습니다.

이 노력을 주도한 이들을 사람들은 '보글헤드'라 불렀습니다. 당시만 해도 '보글헤드'라는 표현은 존 보글의 철학을 따르지 않는 사람들 사이에서 다소 조롱 섞인 의미로 사용되었지만, 우리 보글헤드들은 그 별명을 자부심의 상징으로 기꺼이 받아들였습니다.

결국, 모닝스타 측도 이용자들의 요청을 받아드려 새로운 포럼의 개설을 승인했지만, '보글헤드'라는 이름을 정식으로 쓰는 데는 망설였습니다. 혹시 그 이름이 누군가에게는 불쾌하게 느껴질 수 있다는 우려 때문이었습니다. 그래서 우리는 '뱅가드 다이하드Vanguard Diehards'라는 이름을 붙였고, 설명으로 '보글헤드들이 가장 좋아하는 펀드 회사에 대해 이야기하기 위해 단결하다'라고 추가했습니다.

결국, 이 새로운 포럼은 대성공을 거두었고, 곧 모닝스타닷컴에서 가장 인기 있는 게시판으로 자리 잡았습니다. 얼마 지나지 않아, 이 포럼의 게시글 수는 모닝스타닷컴의 다른 모든 포럼을 합한 것보다 많아졌습니다.

보글헤드 콘퍼런스 ——

1999년 추수감사절, 포럼의 한 회원이 "존 보글과 직접 만나보는 자리를 만들면 어떨까요?"라는 글을 올렸습니다. 존 보글은 그 글을 읽고, 리조트 같은 장소가 아닌 평범한 공간에서 하루 정도 함께할 의향이 있는지 물었습니다. 당연히 반응은 뜨거웠고, 테일러와 저는 처음으로 존 보글과 함께하는 보글헤드 모임을 열기로 했습니다.

그 첫 모임은 2001년, 존 보글이 〈마이애미 헤럴드〉가 개최한 세미나의 기조연설자로 참석하기 위해 마이애미를 방문한 것을 계기로 열렸습니다. 장소는 테일러의 바닷가 콘도였고, 이 모임은 이후 거의 매년 열리는 보글헤드 콘퍼런스의 시초가 되었습니다.

그 후 콘퍼런스는 필라델피아, 시카고, 덴버, 라스베이거스, 워싱턴 DC, 샌디에이고, 댈러스/포트워스 등 다양한 도시에서 개최되었으며, 존 보글은 항상 귀빈으로 초대되었습니다.

하지만 시간이 지나면서 존 보글이 건강 문제로 장거리 이동을 줄이기로 했고, 이후 모든 콘퍼런스는 필라델피아에서 개최되었습니다.

대이동 ——

2007년, 보글헤드들은 모닝스타닷컴을 벗어나 독립적인 커뮤니티 사이트인 www.Bogleheads.org로 자리를 옮겼습니다.

당시 모닝스타 포럼은 운영진의 관리 부족과 웹사이트 사용의 불편함으로 인해 이용자들의 불만이 컸고, 결국 이러한 이유로 적극적으로 관리되는 새로운 커뮤니티를 직접 만들게 된 것입니다.

이 새로운 커뮤니티 사이트는 개설 이후 큰 성공을 거두었고, 현재는 인터넷 상에서 가장 영향력 있는 투자 커뮤니티로 자리매김했습니다.

포럼 통계

이 글을 쓰는 시점을 기준으로 새로운 보글헤드 커뮤니티는 하루 최대 450만 건의 방문을 기록하고 있으며, 하루 최대 방문자 수는 약 9만 명에 이릅니다. 게시글을 작성하기 위해서는 회원가입을 해야 하지만 모두 무료입니다. 이전에 작성된 수백만 개의 질문과 답변은 회원가입 없이도 누구나 열람 가능합니다. 이러한 방문자를 애정 어린 표현으로 '눈팅족Lurkers'이라 부릅니다.

전 세계에서 등록된 보글헤드 회원 수는 7만 명이 넘으며, 온라인에 동시 접속한 사용자만 해도 항상 1,000명에서 2,000명 사이를 유지합니다. 이 중 다수는 정식 보글헤드 회원이 아닌 눈팅족으로 비회원 방문자가 회원보다 약 10배나 많습니다. 이 비율을 토대로 추정하면, 약 70만 명 이상의 투자자들이 보글헤드 커뮤니티를 주기적으로 찾고 있다는 뜻입니다.

지금까지 227,000개 이상의 주제에 걸쳐 약 370만 건이 넘는 게시글이 작성되었습니다.

이 모든 수치도 놀랍지만, 보글헤드 커뮤니티를 진정으로 특별하게 만드는 건 수많은 회원들이 보여주는 이타적인 나눔의 정신입니다.

자신의 지식과 경험을 아낌없이 공유하며, 다른 이들의 재정적 목표 달성을 돕고자 하는 마음이 보글헤드 커뮤니티를 움직이는 힘입니다.

지역 커뮤니티 ——

현재 기준으로, 미국 내에는 총 84개의 지역 보글헤드 커뮤니티가 있으며, 해외에는 11개의 보글헤드 커뮤니티(파리, 대만, 싱가포르, 홍콩, 아랍에미리트/두바이, 이스라엘, 뉴질랜드, 독일, 바레인, 스위스, 일본)가 있습니다.

각 지역 커뮤니티의 리더들은 Bogleheads.org의 '지역 보글헤드 커뮤니티'라는 하위 섹션을 통해 회원들과 소통하고 있습니다. 그곳에서는 모임의 날짜, 시간, 장소, 주요 안건 등 다양한 주제를 논의하며, 활발한 교류가 이루어지고 있습니다.

전 세계 지역 커뮤니티 위치와 연락처는 다음 구글 지도 링크에서 확인할 수 있습니다.

위키 ——

보글헤드 커뮤니티의 위키Wiki는 투자 관련 정보가 체계적으로 정리된 지식 저장고입니다. 이 위키는 약 250명의 보글헤드 편집자들이 자발적으로 참여하여 작성하고 있으며, 다른 투자자들이 투자에 대한 이해를 높일 수 있도록 돕는 것을 목표로 하고 있습니다.

이 글을 쓰는 시점을 기준으로 900개 이상의 페이지가 있으며, 자산 배분, 세금, 리밸런싱 등 다양한 주제를 깊이 있게 다루고 있습니다. 또한, 위키는 지속적으로 업데이트되고 있으며, 보글헤드 편집자들에 의해 투자자들에게 꼭 필요한 정보가 꾸준히 추가하고 있습니다.

위키는 하루 평균 약 25,000회의 방문을 기록하지만, 어떤 날은 35,000회에 가까운 조회수를 기록하기도 했습니다. 처음 방문한 분들이 부담을 느끼지 않도록, '입문 가이드Getting

Started' 섹션도 마련되어 있습니다.

보글헤드 커뮤니티의 거의 모든 페이지에는 위키로 이동할 수 있는 링크가 있어, 누구나 쉽게 정보를 찾고 활용할 수 있습니다.

보글헤드 관련 도서 ——

보글헤드의 철학은 책을 통해 더 널리 확산되고 있습니다.

지금까지 출간된 책은 총 3권이며, 각각은 다음과 같습니다.

- 《보글헤드 투자 가이드》
- 《보글헤드 은퇴 플래닝》
- 《보글헤드 쓰리펀드 포트폴리오》

이 세 번째 책인 《보글헤드 쓰리펀드 포트폴리오》는 보글헤드 시리즈의 연장선에 있으며, 단순함 속의 탁월함이라는 보글헤드 철학을 효과적으로 담아내고 있습니다.

또한, 커뮤니티에는 여러 명의 투자 분야 전문 작가들이 활발히 참여하고 있으며, 본인의 지식과 경험을 아낌없이 공유하고 있습니다.

심지어 뱅가드의 창립자인 존 보글 본인도 가끔 커뮤니티에 직접 글을 남기기도 했습니다.

존 보글 파이낸셜 리터러시 센터 ——

존 보글 파이낸셜 리터러시 센터The John C. Bogle Center for Financial Literacy는 2010년에 설립되었으며, 미국 국세청으로부터 정식 인증을 받은 비영리 단체입니다.

이 센터는 뱅가드 창립자인 존 보글이 평생에 걸쳐 실천해 온 투자자 보호 운동을 이어가기 위해 만들어졌습니다.

즉, 모든 투자자가 시장 수익률에서 정당한 몫을 받을 수 있도록 돕고, 재정적 지식 수준을 높여 개인이 자신의 목표를 이루고 경제적 독립을 이룰 수 있도록 지원하는 것을 사명으로 삼고 있습니다.

또한, 이 센터는 보글헤드 온라인 커뮤니티 운영에도 재정적 지원을 해오고 있으며, 그 덕분에 보글헤드 커뮤니티는 현재 전 세계에서 가장 크고, 상업적 목적이 없는(광고가 없는) 투자 커뮤니티로 성장하였습니다.

센터는 매년 보글헤드 콘퍼런스를 기획 및 주관하고 있으며, 이 행사는 미국 전역은 물론 세계 각국의 투자자들을 위한 교육의 장이 되고 있습니다. 지금까지 콘퍼런스에는 미국 거의 모든 주에서 참석자가 몰렸고, 해외 여러 나라에서도 많은 분들이 참여했습니다.

보글헤드 콘퍼런스는 매번 큰 성공을 거두고 있으며, 행사 공지 후 며칠 내에 매진되는 경우가 대부분입니다.

존 보글 파이낸셜 리터러시 센터는 다음과 같은 건전한 재정 원칙을 대중들에게 교육하는 데 힘쓰고 있습니다.

- 소득 내의 소비
- 부채 회피
- 저축 습관
- 세금 효율성을 분석한 분산 투자
- 투자 비용 최소화
- 세금 혜택이 있는 각종 금융상품을 통해 재정적 목표 달성

이 책의 저자인 테일러 래리모어는 책의 인세를 전액 센터에 기부하고 있습니다.

금융 용어 사전

액티브 운용

시장 수익률이나 특정 벤치마크 지수의 수익률을 초과 달성하는 것을 목표로 하는 투자 전략입니다.

펀드매니저가 개별 종목을 선별하거나 시장 흐름을 예측하는 방식으로 운용합니다.

연환산

1년 미만의 수익률을 연 기준으로 환산하는 것을 의미합니다.

예를 들어, 6개월 수익률이 5%라면, 이를 연환산하면 10% 수익률로 계산됩니다.

자동 재투자

펀드에서 배당금이나 자본이득을 현금으로 받지 않고, 자동으로 추가 펀드 매입에 사용하는 방식입니다.

벤치마크 지수

펀드 운용 성과를 비교하기 위해 사용하는 기준 지수입니다.

채권 듀레이션

채권형 펀드의 가격 변동성(금리 민감도)을 나타내는 지표입니다.

예를 들어, 듀레이션이 3년인 채권형 펀드는 금리가 1% 오르면 가격이 약 3% 하락하고, 듀레이션이 5년이면 약 5% 하락합니다.

자본이득

자산을 구매한 가격과 판매한 가격의 차익을 의미합니다.

예를 들어, 주식을 10달러에 사서 15달러에 팔았다면 5달러가 자본이득입니다.

자본이득 분배

펀드가 보유하고 있던 증권을 매도하여 얻은 수익 중 일부를 펀드 투자자에게 분배하는 것입니다.

상장지수펀드(ETF)

주식시장에 상장되어 실시간으로 매매 가능한 인덱스 펀드입니다. 일반적인 펀드와 달리 증권사나 중개인을 통해 거래됩니다.

운용보수 비율

펀드가 보유한 순자산 대비 연간 운용비용의 비율입니다.

익스텐디스 마켓 인덱스 펀드

약 3,000개의 중소형 주식으로 구성된 펀드로, S&P 500 인덱스 펀드와 1:5 비율로 조합하면 전체 주식시장 인덱스 펀드와 유사한 포트폴리오가 됩니다.

인덱스 펀드

특정 시장 지수나 섹터의 전체 또는 대부분 종목을 그대로 반영하도록 설계된 펀드입니다.

장기 자본이득

1년 이상 보유한 투자자산을 매도하면서 얻은 이익을 말합니다. 일반적으로 단기 이익보다 더 낮은 세율이 적용되는 세금 혜택이 있습니다.

시장 타이밍

시장의 흐름을 예측하여 적절한 시점에 매수 및 매도하는 전략입니다.

주가수익비율(P/E)

주식의 현재 가격을 주당순이익(EPS)로 나눈 수치입니다.

평균 회귀

자산 가격이나 수익률이 일시적인 상승 또는 하락을 겪더라도 결국에는 장기 평균으로 되돌아 간다는 이론입니다.

위험 허용도

투자자가 손실이나 수익률 변동을 어느 정도까지 감내할 수 있는지를 나타내는 지표입니다.
종종 '잠을 편히 잘 수 있는 정도'라고 비유됩니다.

롤오버

세금 없이 한 은퇴계좌에서 다른 은퇴계좌로 자산을 이전하는 절차입니다.

타겟 데이트 펀드

투자자의 은퇴 시점에 맞춰 자산 구성이 점차 보수적으로 바뀌는 펀드입니다.

과세 계좌

보유한 증권에서 발생된 이자, 배당, 자본 이익 등에 대해 세금이 부과되는 계좌입니다.

세금 혜택

과세가 면제되거나, 이연되거나, 기타 세금 측면에서 혜택이 주어지는 투자상품이나 계좌를 의미합니다.

예를 들어, 연금저축, 퇴직연금, 개인형 퇴직연금 등이 있습니다.

세금 이연 계좌

계좌 내 수익에 대해 인출할 때까지 세금이 유예되는 계좌입니다.

세금 효율적

세금을 최소화하는 방식으로 투자하거나 자산을 운용하는 것입니다.

세금 비효율적

불필요하게 많은 세금을 부담하게 되는 경우를 말합니다.

세금 손실 수확

손실이 발생한 과세 대상 자산을 매도해 다른 소득이나 이익에 대한 세금을 줄이는 전략을 말합니다.

전체 시장 인덱스 펀드

거의 모든 상장기업을 포함해 전체 시장을 포괄하도록 설계된 펀드 또는 ETF를 말합니다.

회전율

펀드매니저가 지난 1년 동안 얼마나 자주 매매를 했는지를 보여주는 지표입니다.

미실현 자본이득/손실

펀드가 보유 중인 자산을 매도하지 않은 상태에서 발생한 평가이익 또는 손실입니다.

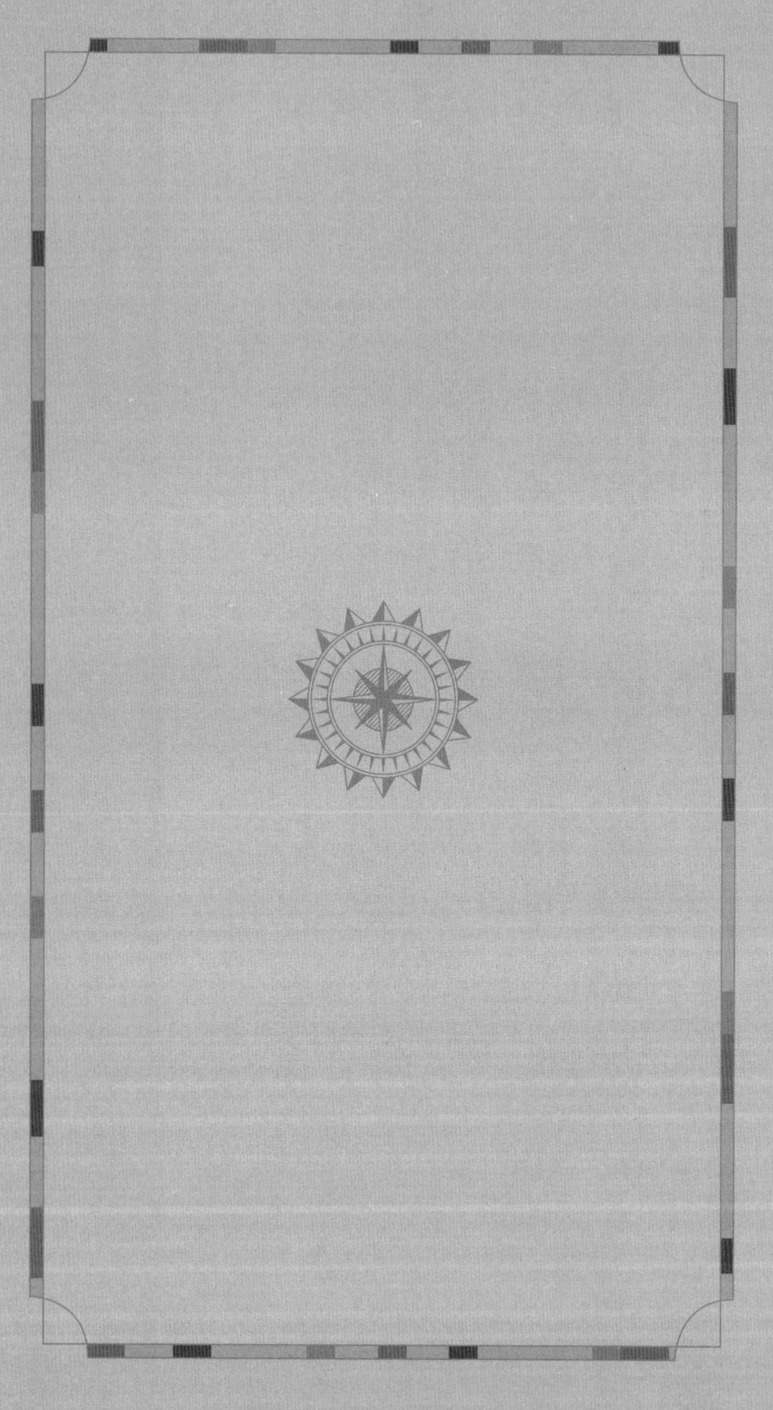